매일 똑똑해지는!

실뜨기 놀이

아리키 테루히사 지음 ※ 오쿠야마 치카라 감수 ※ 류지현 옮김

시원
북스

놀다 보면 똑똑해지는 실뜨기

아이들의 두뇌는 아직 충분히 발달하지 않아서 단순히 무언가를 접한다고 해서 자연스럽게 반응하지 않습니다. 아이들이 편안하게 느낄 수 있는 환경에서 스스로 시도해볼 수 있는 기회를 갖는 것이 매우 중요합니다. 편안한 환경에서 경험을 쌓은 아이들은 스트레스 반응을 억제하는 데 도움을 주는 스테로이드 수용체가 더 많이 생성된다고 알려져 있습니다. 또한 안정된 환경에서 형성된 두뇌의 네트워크는 아이의 애착 형성에도 큰 영향을 미칩니다.

아이와의 상호작용에서 가장 중요한 것은 바로 일대일로 아이의 눈높이에 맞추는 것입니다. '모두 함께'가 아니라 아이와 일대일 시간을 가지는 것이 중요합니다. 매일 할 필요는 없지만 일주일에 한 번이라도 특별한 일대일 시간을 만들어 주는 것이 좋습니다. 그리고 아이의 두뇌 네트워크를 넓히는 데는 별로 중요하지 않아 보여도 아이의 눈높이에 맞춰 진행하면 연결이 더 쉬워집니다. 처음부터 능숙하게 할 수는 없겠지만 아이와 함께 서툴더라도 즐기면서 진행하면 두뇌의 네트워크가 더 잘 확장되고 연결될 수 있습니다.

자, 이제 준비되었나요? 아이의 두뇌가 활성화된 상태에서 손가락 끝을 이용한 놀이인 '실뜨기'를 하면 두뇌의 여러 영역이 연결되기 시작합니다.

오쿠야마어린이클리닉 원장
오쿠야마 치카라

두뇌가 쑥쑥 크는 포인트

아이를 차분히 지켜보면서 자유롭게 해주세요

아이가 부모님이 '나만을 봐주고 있다'고 느끼고, 나아가 아이의 말과 행동이 부정되지 않는 환경은 아이에게 '안전기지'가 되어 안심감이 자랍니다. 안심감이 자라면 인내심도 자라게 되어 스트레스에 대한 내성도 올라갑니다.

뭔가를 하면서가 아니라 제대로 아이와 마주하며 되도록 간섭하지 말고 아이가 본인 페이스로 하는 것을 지켜봐 주세요.

아이가 초조해하거나 짜증나는 것을 표현해도 괜찮아요!

생각처럼 되지 않으면 짜증이 납니다. 하지만 이것 역시 두뇌 네트워크 확산 중 하나입니다. 이것을 멈추거나 참으면 네트워크의 넓이가 작고 빈약해집니다. 짜증을 내거나 화를 내거나 살짝 던져도 좋습니다.

아이가 실패해도 평온한 자세로 대해주세요

두뇌 네트워크를 풍부하게 하는 것은 '잘 할 수 있는 일'이 아닙니다. 할 수 없는 일, 언뜻 의미가 없거나 우스워 보이는 일 등을 통해 두뇌 네트워크가 확대됩니다.

그러기 위해서는 미리 걱정하고 도와줄 필요는 없습니다. 아이의 생각대로 좋아하도록 해주세요.

아이에게 칭찬의 말을 건넬 때는 성과보다도 변화에 대해

하지 못했던 일을 할 수 있게 되는 것은 물론 중요합니다. 하지만 초조한 상태에서 차분해지거나 한 번 내던진 일을 훗날 마음이 내켜 다시 시작했을 때야 말로 칭찬의 말을 건넬 기회입니다. 성과물보다 변화와 성장을 아이 스스로 깨닫는 계기가 될 것입니다.

목차

1 첫 실뜨기

실뜨기 실로 놀자 1

2 살짝 어려운 실뜨기

실뜨기 실로 놀자 2

3 챌린지 실뜨기

실뜨기 실로 놀자 3

이 책을 보는 법

각 페이지에 실뜨기 특징이 나타나 있어요.
재밌어 보이는 실뜨기부터 시작해 볼까요?

장별 구분

실뜨기 난이도와 즐기는 법으로 구분한 장의 타이틀을 표시했어요.

테마

완성되는 모양에 따라 '도구', '생물', '건물', '탈것', '자연', '놀이', '마술' 등 7가지 테마로 나뉘어 있어요.

함께 하는 인원

몇 명이 즐기는 실뜨기인지 나타내고 있어요.

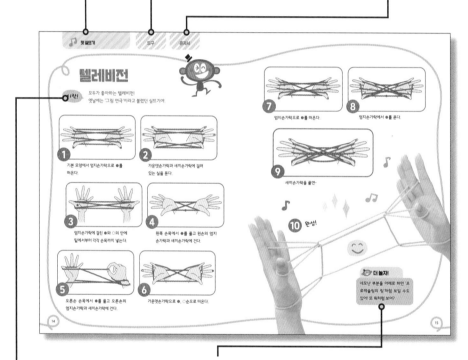

시작!

소개하고 있는 실뜨기의 간단한 설명이나 가족 또는 친구와 나눌 수 있는 재밌는 이야깃거리예요.

더 놀자!

소개하고 있는 실뜨기를 더 즐기거나 다른 방법으로 하기 위한 힌트가 나와 있어.

어떤 페이지부터 시작해도 좋아!

나만의 실 만드는 법

우리집에 있는 실로
나만의 실뜨기 실을 만들 수 있어요.

추천하는 실 길이와 종류

100cm에서 160cm 정도의 털실이
나 아크릴실, 삼베실, 면사 등

너무 얇거나 두꺼운
실보다 적당한 두께의
실이 좋아!

실 묶는 법

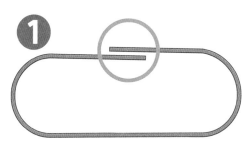

1 실의 끝과 끝을 겹친다.

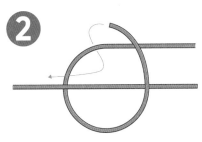

2 한쪽 실로 화살표처럼 고리를 만
든다.

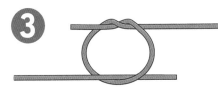

3 이때 다른 한쪽 실이 고리 안에 있
게 한다.

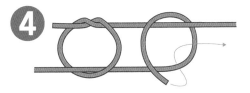

4 다른 한쪽 실로 화살표처럼 고리
를 만든다.

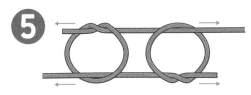

5 양쪽 실을 묶어 좌우로 당긴다.

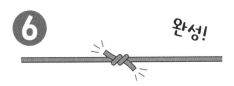

6 완성!

매듭이 묶어지면 끝에 남은 부분
을 자른다.

손과 손가락의 이름 & 기호 보는 법

이 책에서는 아래와 같이 손과 손가락의 이름, 기호로 실뜨기 방법을 설명해요.

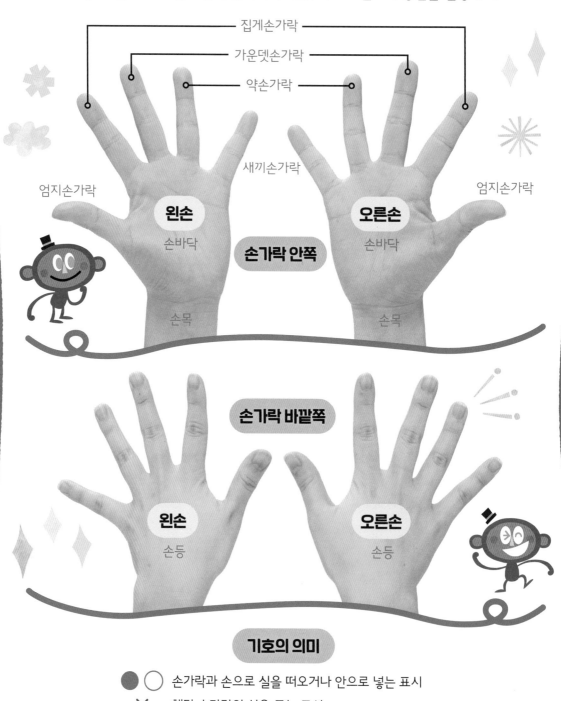

집게손가락

가운뎃손가락

약손가락

새끼손가락

엄지손가락

엄지손가락

왼손

손바닥

오른손

손바닥

손가락 안쪽

손목

손목

손가락 바깥쪽

왼손

손등

오른손

손등

기호의 의미

● ○ 손가락과 손으로 실을 떠오거나 안으로 넣는 표시

✕ 해당 손가락의 실을 푸는 표시

● ○ 해당 손가락으로 실을 떠오는 표시

⟶ 화살표 방향으로 손가락·손·실을 움직이는 표시

실 잡는 법

이 책에서는 아래와 같은 표현으로 실이나 손가락 움직이는 법을 설명해요.

'실을 떠온다'

실 아래에서
손가락 바깥으로
실을 떠온다

'실을 위에서 떠온다'

실 위에서
손가락 안쪽으로
실을 떠온다

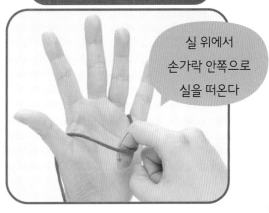

'실을 푼다'

엄지손가락에서
실을 푸는 경우

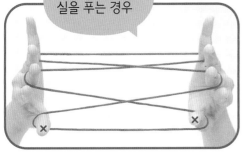

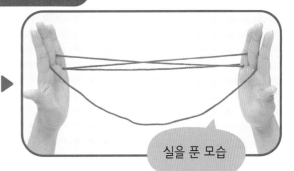

실을 푼 모습

'손가락을 넣는다'

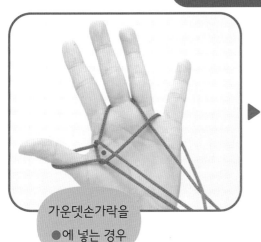

가운뎃손가락을
●에 넣는 경우

가운뎃손가락을
●에 넣은 모습

기본 모양 외워두기

이 책에서 소개하는 실뜨기의 대부분은
'기본 모양'에서 시작해요.

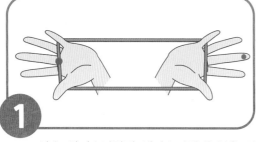

1 양손 엄지손가락과 새끼손가락에 실을 걸고 오른손 가운뎃손가락으로 ●를 떠온다.

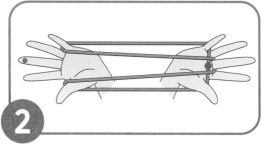

2 왼손 가운뎃손가락으로 ●를 떠온다.

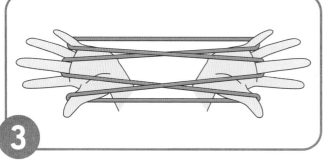

3 '기본 모양' 완성. 순서 **1**과 **2**처럼 먼저 오른손 가운뎃손가락으로, 그다음 왼손 가운뎃손가락으로 실을 당겨오는 것을 '떠온다'라고 한다.

🐵 더 놀자!

순서 **1**과 **2**에서 가운뎃손가락이 아니라 집게손가락으로 떠오면 '다르게 만든 모양'이 돼! 22페이지 '달팽이'나 34페이지 '큰 물고기'를 만들 때 써보자!

'기본 모양'과
'떠오기'는
외워 두면 매우 편해!

1

첫 실뜨기

'칠판', '텔레비전', '사다리', 그리고 '달팽이'!
처음 하는 사람도 쉽게 할 수 있는 실뜨기를 모아봤어.
잘하지 못해도, 실패해도 괜찮아!
점점 손가락을 움직여서 하나의 실뜨기 실이
모양을 바꿔나가는 것을 즐겨보자.
재밌는 모양이 나오면 거기에 이름을 붙여봐!

칠판

시작! 학교에서 수업할 때 쓰는 칠판이야.
모양은 간단하지만 손을 움직이는 방법에 살짝 요령이 필요해!

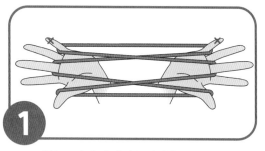

1 기본 모양에서 새끼손가락을 푼다.

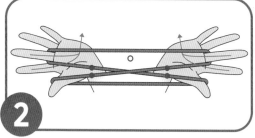

2 양손의 엄지손가락으로 ● 2개를 같이 누르면서 ○ 공간에 양손의 가운뎃손가락과 집게손가락을 넘긴다.

3 그다음 손을 펼치면
완성!

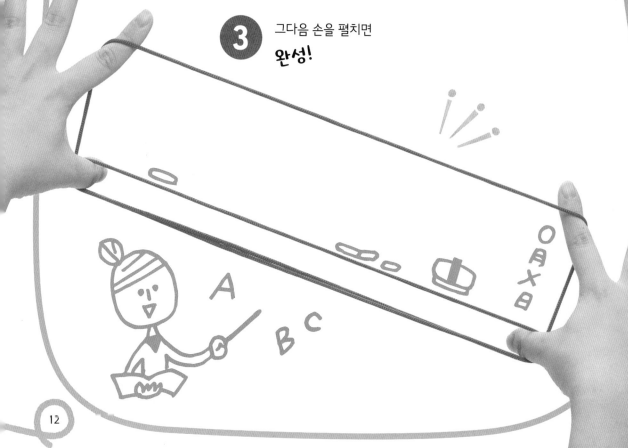

썰매

시작! 눈 오는 날 신나게 노는 썰매도
실뜨기 실 1개와 너의 상상력으로 만들 수 있어!

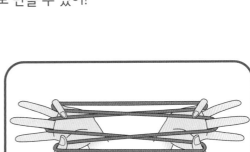

1 기본 모양에서 엄지손가락으로 ○의 실 2개를 누르고 새끼손가락으로 ●의 실 2개를 누른다.

2 누른 실을 빠지지 않도록 엄지손가락과 새끼손가락에 힘을 줘서 아래로 내린다.

3 완성!

텔레비전

 모두가 좋아하는 텔레비전!
옛날에는 '그림 연극'이라고 불렸던 실뜨기야.

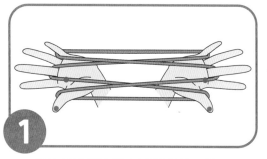

1 기본 모양에서 엄지손가락으로 ●를 떠온다.

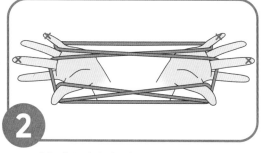

2 가운뎃손가락과 새끼손가락에 걸려 있는 실을 푼다.

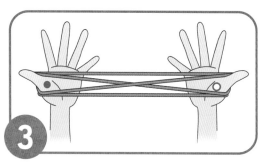

3 엄지손가락에 걸린 ●와 ○의 안에 밑에서부터 각각 손목까지 넣는다.

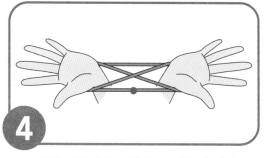

4 왼쪽 손목에서 ●를 풀고 왼손의 엄지 손가락과 새끼손가락에 건다.

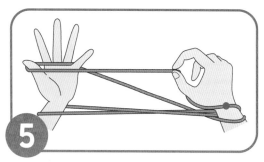

5 오른손 손목에서 ●를 풀고 오른손의 엄지손가락과 새끼손가락에 건다.

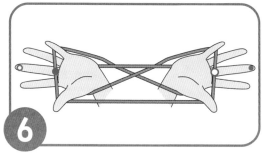

6 가운뎃손가락으로 ●, ○순으로 떠온다.

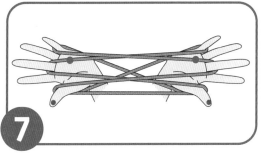

7 엄지손가락으로 ●를 떠온다.

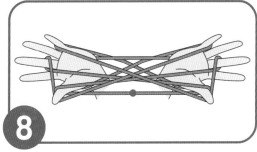

8 엄지손가락에서 ●를 푼다.

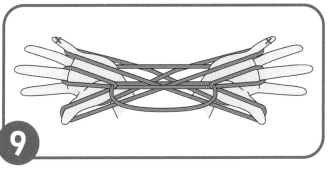

9 새끼손가락을 풀면-

10 완성!

🐵 더 놀자!

네모난 부분을 아래로 하면 '프로레슬링의 링'처럼 보일 수도 있어! 또 뭐처럼 보여?

낙하산

시작! 한쪽 손으로 낙하산 모양을 만드는 실뜨기야.
'솔잎'이라는 이름으로도 불러.

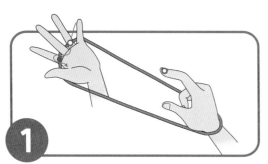

1 오른손 손목과 왼손 엄지손가락, 가운 뎃손가락, 새끼손가락에 실을 걸고, 오른손 집게손가락으로 ○와 ●를 화살표와 같이 걸어서 떠온다.

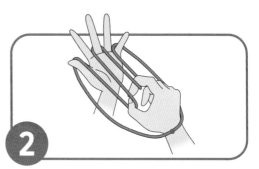

2 오른손으로 떠온 실을 당기면 ●는 자연스레 손목에서 풀려서 왼손 방향으로 간다.

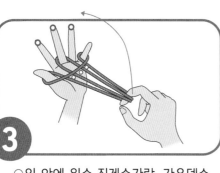

3 ○의 안에 왼손 집게손가락, 가운뎃손가락, 새끼손가락을 순서대로 넣는다. 오른손의 실을 위에서부터 왼손 손등 쪽으로 돌린다.

4 오른손 집게손가락으로 ○와 ●를 화살표처럼 걸어서 아래로 당기면-

5 완성!

망루

시작! 망루는 먼 곳을 보고 위험한 상황을 확인하기 위해
높은 곳에 지어진 작은 건물이야.

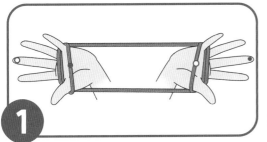

1 양손의 엄지손가락과 새끼손가락에 실
을 이중으로 돌린 다음, 가운뎃손가락
으로 ●와 ○를 떠온다.

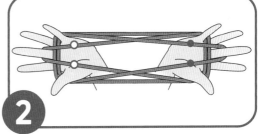

2 오른손의 엄지손가락, 새끼손가락으로
●를, 왼손의 엄지손가락, 새끼손가락
으로 ○를 위에서 누른다.

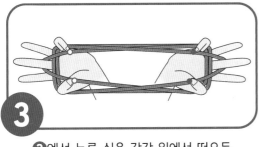

3 ❷에서 누른 실을 각각 위에서 떠오듯
이 손가락으로 내리면-

4 **완성!**

초가집

 시작!
아프리카에 전해지는 입체적인 실뜨기야.
멋진 초가집이 되도록 차분히 해봐!

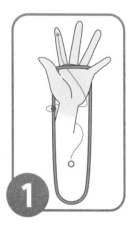

1

그림과 같이 왼손에 실을 걸고 오른손을 ○의 안으로 위에서 넣어 화살표 방향으로 손목 뒤에서 ●를 떠와 왼손 집게손가락에 건다.

2

오른손으로 ●를 잡고 왼손 엄지손가락에 건다.

3

오른손으로 왼손 손등에 있는 실을 손바닥 쪽으로 돌려온다.

 더 놀자!

완성된 초가집을 거꾸로 하면 다른 것으로 보일지 몰라.

4

❸에서 돌려온 실을 가진 채로 오른손의 집게손가락으로 왼손의 ●와 ○를 걸어서 함께 조금씩 당긴다.

5

오른손의 집게손가락을 빼면-

완성!

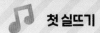
창문으로 보이는 산

시작! 손가락과 손의 움직임으로 산이 짠 하고 나타나!

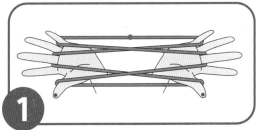

1 기본 모양에서 엄지손가락으로 ●를 떠온다.

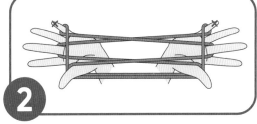

2 새끼손가락을 뺀다.

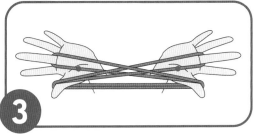

3 엄지손가락으로 ●를 누른다.

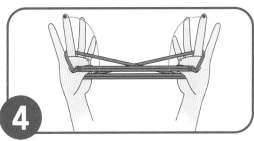

4 ●의 실 2개를 동시에 위에서 떠오듯이 가운뎃손가락을 화살표처럼 걸어서-

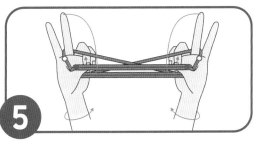

5 가운뎃손가락으로 ●를 떠오는 것과 동시에 손바닥을 바깥쪽으로 향하면 ○는 자연스레 손가락에서 풀리고-

6 완성!

1단 사다리

시작! 사다리 실뜨기 제1탄!
그런데 1단인 사다리가 정말 있을까? 본 적 있어?

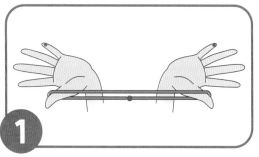

1 새끼손가락으로 ●를 떠온다.

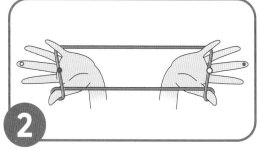

2 가운뎃손가락으로 ●와 ○를 떠온다.

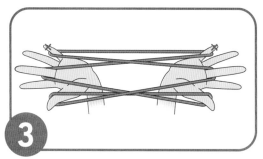

3 새끼손가락을 푼다.

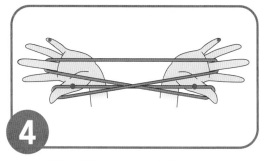

4 새끼손가락으로 ●를 떠온다.

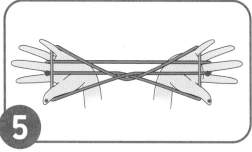

5 엄지손가락으로 ●를 떠온다(떠올 때는 반대쪽 손으로 집어서 떠온다).

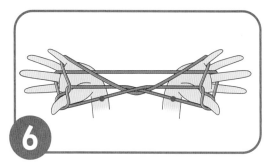

6 엄지손가락에서 ●를 푼다.

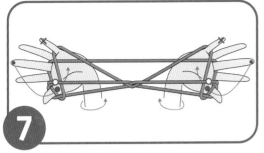

7 가운뎃손가락을 위에서 ●에 넣어 새끼
손가락의 실을 푼다. 가운뎃손가락으로
○를 위에서 떠오르듯이 손바닥을 바깥쪽
으로 향한다.

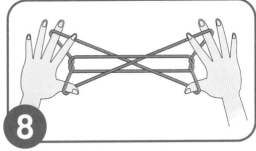

8 왼손만 자기 쪽으로 비틀면-

9 완성!

더 놀자!

이 실뜨기는 '다이아몬드'나 '마
름모꼴'이라는 이름도 있어. 또
다른 이름도 생각해 보자!

달팽이

시작! 실을 똘똘 감아서 만드는 실뜨기야.
'나와라 나와라, 달팽이'라고 노래 부르면서 만들어 보자!

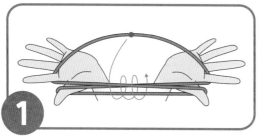

10페이지의 다르게 만든 모양에서 새 끼손가락을 풀고 ●를 화살표처럼 몇 번 감는다.

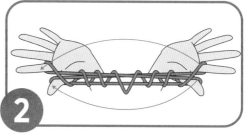

오른손 집게손가락의 실을 왼손 집게손 가락에, 오른손 엄지손가락의 실을 왼 손 엄지손가락에 각각 바꾸어 옮긴다.

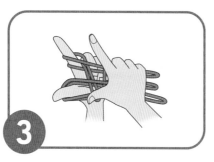

집게손가락에 걸린 실을 2줄 모두 오른손으로 잡아서 떠온 뒤 왼손을 천천히 펼치면-

4 완성!

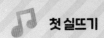
2단 사다리

시작! 20페이지 '1단 사다리'와는 방법이 살짝 달라!
어디가 다른지 보여?

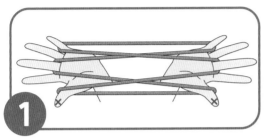

1 기본 모양에서 엄지손가락을 푼다.

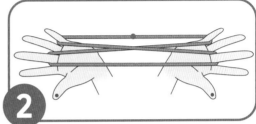

2 엄지손가락으로 ●를 떠온다.

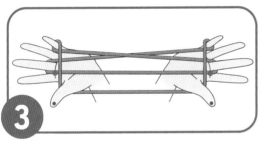

3 엄지손가락으로 ●를 떠온다.

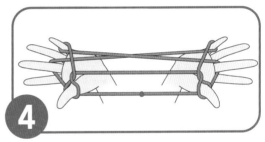

4 엄지손가락에서 ●를 푼다.

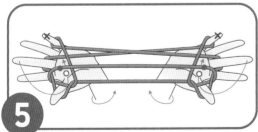

5 가운뎃손가락을 위에서 ○에 넣고 새끼
손가락의 실을 푼다. 가운뎃손가락으로
●를 떠오듯이 손바닥을 바깥으로 향하
게 하고 가운뎃손가락을 쓱 펼치면-

6 완성!

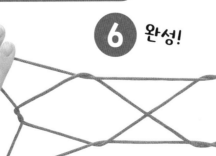

커피 컵

시작! 완성된 '커피 컵'을 거꾸로 하면 다른 것이 보여!

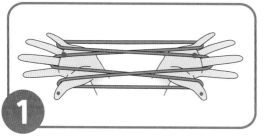

1 기본 모양에서 엄지손가락으로 ●를 떠온다.

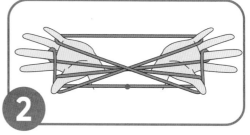

2 엄지손가락의 ●를 푼다.

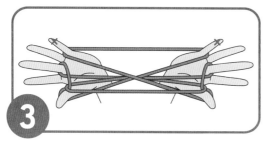

3 새끼손가락을 푼다.

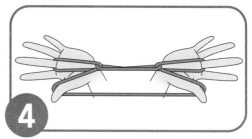

4 엄지손가락을 위로 올리면-

5 완성!

 더 놀자!

옛날에는 '가지가 늘어진 삼나무'나 '영주의 바구니'라고도 불렸어! 거꾸로 된 4번을 봤을 때 너는 뭘로 보여?

멋진 화살

시작! 손을 마주친 순간, 손 안에 화살이 나타나는 마법 같은 실뜨기야!

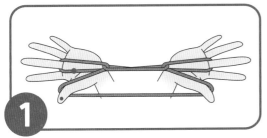

1 24페이지 '커피 컵' **4**번에서 왼손 엄지손가락으로 ●를 떠온다.

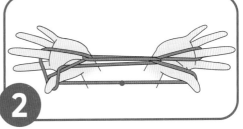

2 왼손 엄지손가락에서 ●를 푼다.

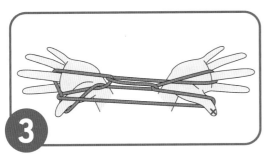

3 양손을 탁 마주쳐 그 순간에 오른손 엄지손가락의 실을 뺀다.

 그리고 손을 펼치면-
4 **완성!**

불꽃놀이

밤하늘을 수놓은 예쁜 불꽃.
펑, 펑, 집에서 실뜨기 실 불꽃놀이를 높이 쏘아 올리자!

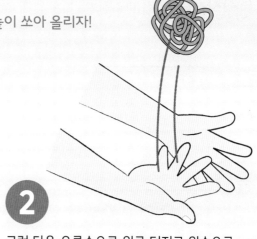

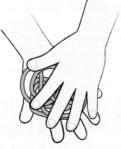

1 실뜨기 실을 양손으로 뭉친다.

2 그런 다음 오른손으로 위로 던지고 왼손으로 잡는다. 이걸 양손으로 번갈아 가며 여러 번 한다. 2개 만들면 오재미 놀이도 가능하다.

3 자, 드디어 불꽃놀이 차례!

오른손으로 위로 던진다. 그 사이 한 번 박수를 치고 떨어진 실을 잡는다. 여러 사람이 함께 하면 매우 예쁘다.

실은 단단히 둥글게 뭉치자. 일어선 상태로 세게 던진 후 땅에 거의 닿을 듯 가까워졌을 때 받으면 손뼉을 많이 칠 수 있어.

불꽃이 올라간 동안 몇 번 손뼉 칠 수 있을까? 다 함께 시합해 보자.

- 초급(1~3회)
- 중급(4~6회)
- 상급(7~9회)
- 마스터(10회 이상)

살짝 어려운 실뜨기

이제 살짝 어려운 실뜨기도 해보지 않을래?
'4단 사다리'를 여러 가지 모양으로 변신시키거나
실로 '둥근 달'을 만들어 보는 사이에
나만의 실뜨기가 떠오를지도 몰라.

열쇠고리

시작!　열쇠고리에 열쇠가 많이 있어!
너무 많으면 서둘러야 할 때 번거롭지만 말이야.

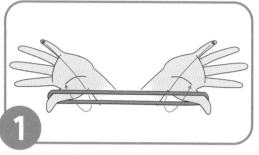

1 새끼손가락으로 엄지손가락의 실 2개를
합쳐 떠온다.

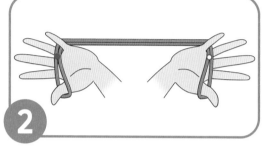

2 가운뎃손가락으로 ●와 ○를 각각 2개
합쳐 떠온다.

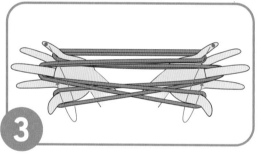

3 새끼손가락으로 엄지손가락의 실 2개를
합쳐 떠온다.

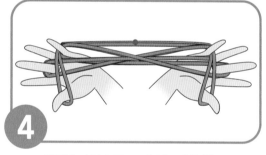

4 새끼손가락으로 ●의 실 2개를 합쳐 푼다.

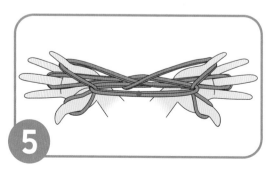

5　　●의 실 2개를 합쳐서
입에 물고 당기면-

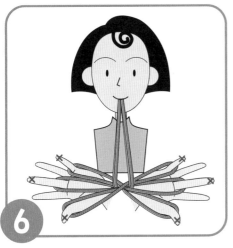

당겨져서 양손이 가까워진다. 모양
이 무너지지 않도록 모든 손가락을
조심히 뺀다.

7 완성!

😊 더 놀자!

'썩 가버려라!'라고 외치며 열쇠
고리를 휙 흔들면 열쇠가 전부
사라져!

3단 사다리

시작! 사다리 시리즈 제3탄!
'세 가닥으로 땋기', '다이아 3개'라고도 해!

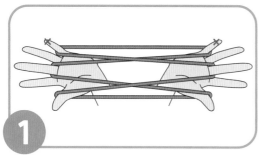

1 기본 모양으로부터 새끼손가락을 푼다.

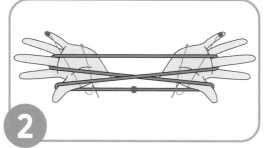

2 새끼손가락 바깥쪽으로 다른 실의 아래
에서 ●를 떠온다(실의 위아래를 조심!).

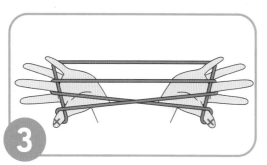

3 엄지손가락을 푼다.

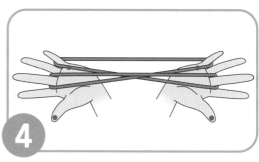

4 엄지손가락으로 ●를 떠온다.

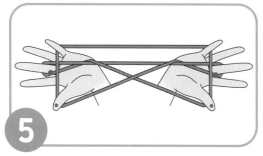

5 엄지손가락으로 ●를 떠온다.

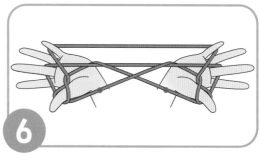

6 엄지손가락에서 ●를 푼다.

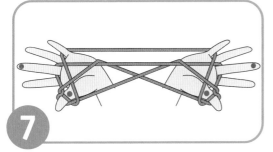

7 가운뎃손가락을 위에서 ●의 안으로 넣
는다.

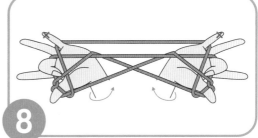

8 새끼손가락을 풀면서 손바닥을 바깥으
로 해서 손가락을 쫙 펼치고-

9 왼손을 자기 몸 쪽으로 향하게 하면-
완성!

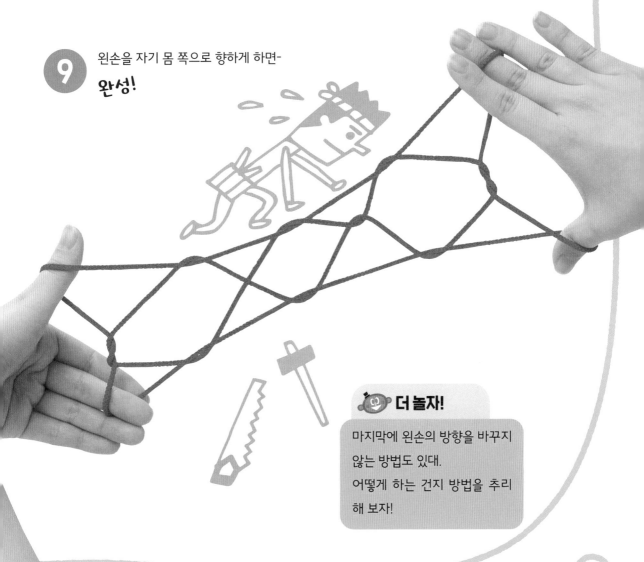

🐵 **더 놀자!**

마지막에 왼손의 방향을 바꾸지
않는 방법도 있대.
어떻게 하는 건지 방법을 추리
해 보자!

큰 개구리 2마리

시작!

개구리를 2가지 방법으로 만들 수 있어!
어떤 차이가 있을까?

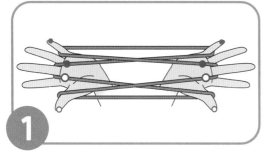

1 기본 모양에서 새끼손가락으로 ●를 떠
오고 엄지손가락으로 ○를 떠온다.

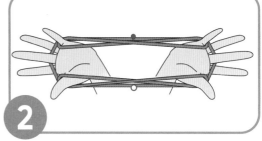

2 새끼손가락의 ●와 엄지손가락의 ○를
푼다.

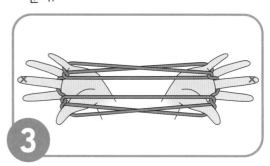

3 가운뎃손가락을 푼다.

4 몸이 큰 개구리
완성!

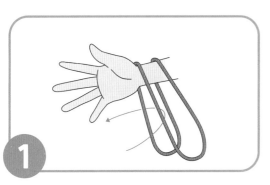

1 실을 오른손 손목에 그림과 같이 건다. 왼손을 화살표와 같이 통과한 다음 손목에 건다.

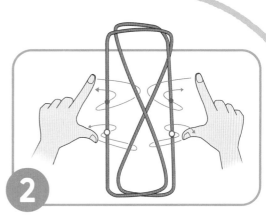

2 손목에서 풀고 세로로 둔 다음 엄지손가락과 집게손가락으로 화살표처럼 ○와 ●를 떠온다.

3 입이 큰 개구리 완성!

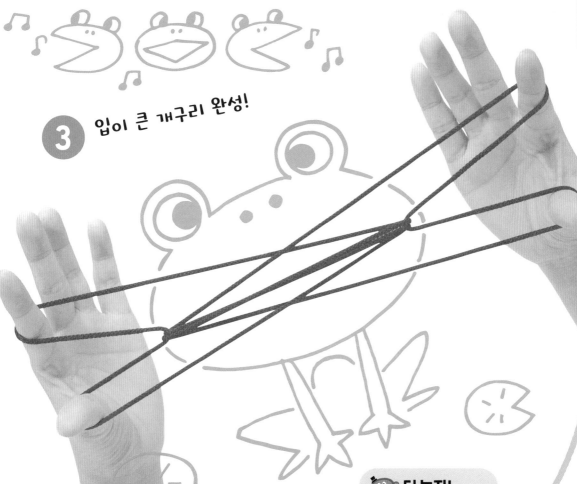

🐸 **더 놀자!**

몸이 큰 개구리와 입이 큰 개구리는 어떻게 다른지 생각해 보자!

큰 물고기

 시작! 하와이에서 알려진 실뜨기야!
하와이에는 어떤 큰 물고기가 많이 있을까?

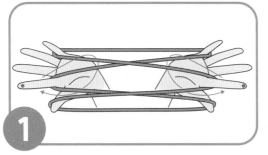

1

다르게 만든 모양에서 집게손가락을 화
살표처럼 움직여 실을 떠온다. 집게손
가락의 실은 자연스레 풀린다.

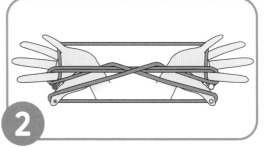

2

엄지손가락으로 새끼손가락에 연결된
●와 ○를 떠온다.

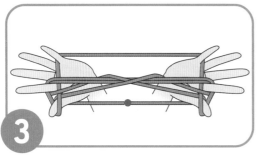

3

엄지손가락으로 ●를 푼다.

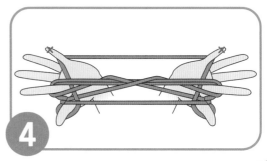

4

새끼손가락을 푼다.

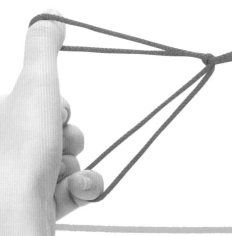

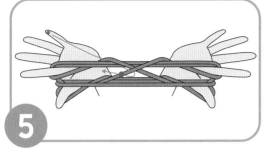

5

왼손 새끼손가락으로 화살표처럼 ●를
걸어 누른다.

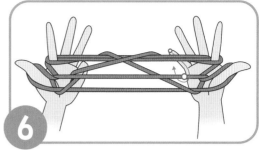

6

오른손 새끼손가락으로 화살표처럼 ○를
걸어 누른다.

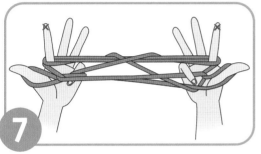

7

집게손가락을 풀고 손을 펼치면-

8 완성!

 더 놀자!

긴 실로 만들면 물고기는 더 커져.
얼마나 크게 만들 수 있을까?

둥근 달

시작! 조용한 밤에 달님이 떠올라.
부드럽게 천천히 손을 움직이면 달이 예쁘게 보일 거야!

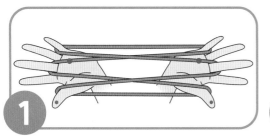

1 기본 모양에서 엄지손가락으로 ●를 떠온다.

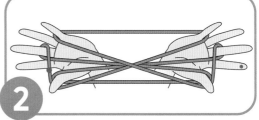

2 오른손 집게손가락으로 ●를 떠온다.

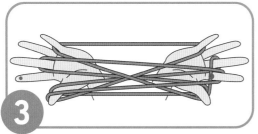

3 왼손 집게손가락으로 ●를 떠온다.

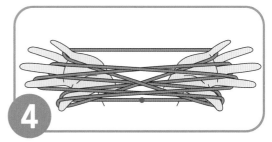

4 엄지손가락의 ●를 푼다.

6 완성!

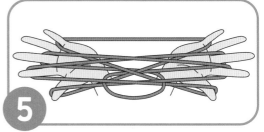

5 팔을 펴듯이 양손이 바깥을 향하게 해
서 조금씩 손을 펼치면-

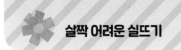

반짝반짝 별

시작! 밤하늘을 올려다보면, 반짝반짝 별이 보여.
별은 대체 몇 개나 있을까?

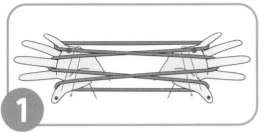

1 기본 모양에서 엄지손가락의 바깥쪽으로 화살표처럼 ●를 떠온다(실의 위아래를 조심!).

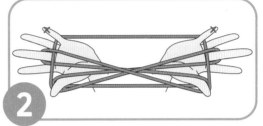

2 새끼손가락을 푼다.

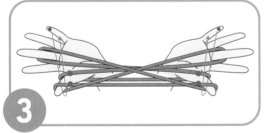

3 새끼손가락으로 화살표처럼 ●를 2개 합쳐 떠온다.

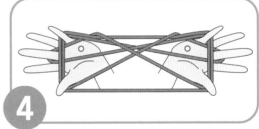

4 가운뎃손가락을 굽혀 ○의 안에 넣는다.

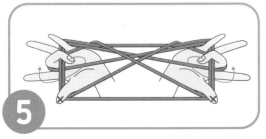

5 엄지손가락을 풀면서 가운뎃손가락을 화살표처럼 움직여서 쫙 편다.

6 손을 펼치면- **완성!**

4단 사다리

시작! '사다리' 하면 4단 사다리라고 할 정도로 인기 있는 실뜨기야!
'다이아 4개', '안경다리', '돌담' 등으로도 불려.

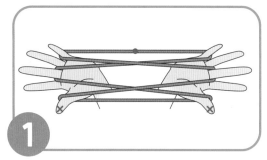

1 기본 모양에서 엄지손가락을 풀고 엄지
손가락 바깥쪽으로 ●를 밑에서 떠온다.

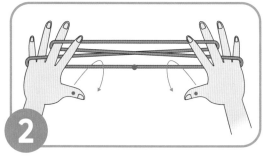

2 손바닥을 바깥으로 하면 매우 쉽게
떠올 수 있다.

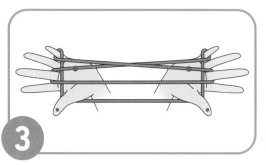

3 엄지손가락으로 ●를 떠온다.

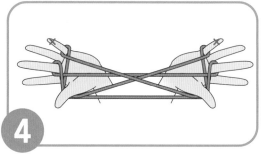

4 새끼손가락을 푼다.

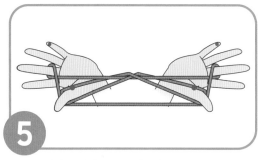

5 새끼손가락으로 ●를 떠온다.

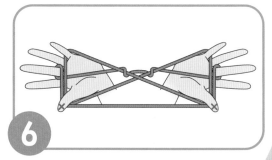

6 엄지손가락을 푼다.

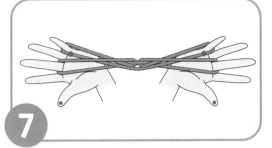

7 엄지손가락으로 ●를 떠온다.

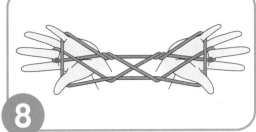

8 엄지손가락에 ●를 건다.

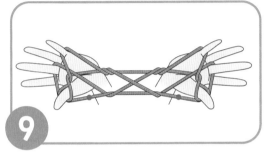

9 엄지손가락에서 ●를 푼다.

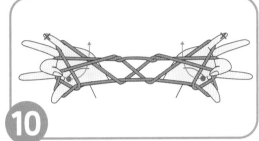

10 가운뎃손가락을 ●에 넣어 새끼손가락을 빼고 가운뎃손가락을 화살표처럼 움직이면서-

🤖 **더 놀자!**

7 ~ **10**의 움직임을 '사다리 전개'라고 해. 다음 페이지에서는 4단 사다리가 변신해!

11 손바닥을 바깥쪽으로 하면-

완성!

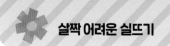
유모차, 타워

시작! 　4단 사다리가 아기가 탄 유모차나 타워로 변신해!

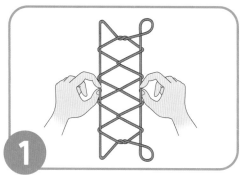

1

4단 사다리를 세로로 해서 한 번 손에서
풀고 양손으로 가운데를 살짝 잡아
올리면-

1 　4단 사다리를 세로로 세워 한쪽의
엄지손가락과 가운뎃손가락을
모으면-

2 완성!

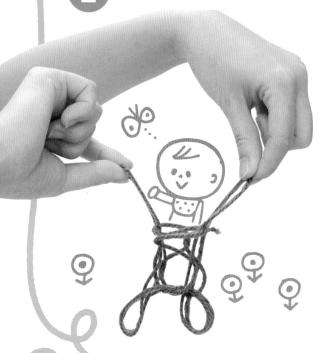

2 완성!

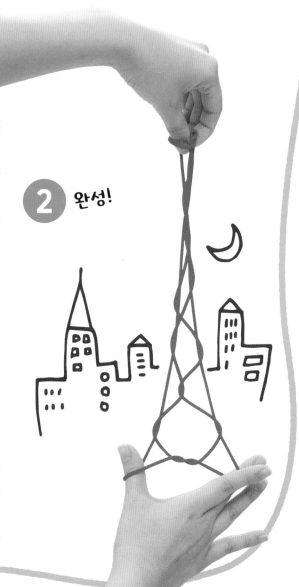

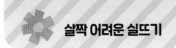
카누, 물고기 2마리

시작!
둘이서 만드는 카누.
추운 나라의 이누이트족도 더운 폴리네시아 사람도
같은 실뜨기를 한다.

1 4단 사다리의 가운데 ●의 부분을 다른
사람에게 위아래로 당기게 한다.

2 완성!

1

뺐다 꼈다 할 수 있는 링으로
그림처럼 모양을 만든다.
그다음 38페이지 **2**번 순서부터
'4단 사다리'를 만든다.

2 마지막으로 링을 빼면-
완성!

나팔꽃

시작! 예쁜 실뜨기 실을 골라 만들어보자.
좋아하는 색의 나팔꽃을 만들 수 있어!

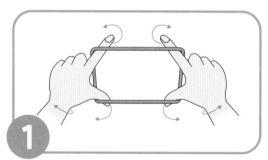

1 그림처럼 엄지손가락과 집게손가락에 실을 걸고 실을 손가락에 감듯이 손바닥을 돌린다.

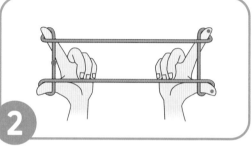

2 오른손 엄지손가락과 집게손가락으로 ●를 잡아서 한 번 꼰 다음 오른손 엄지손가락과 집게손가락에 건다.

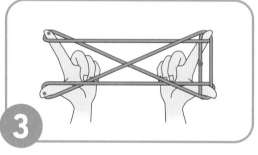

3 왼손 엄지손가락과 집게손가락으로 ●를 잡아서 **2**번과 똑같이 한 번 꼰 다음 왼손 엄지손가락과 집게손가락에 건다.

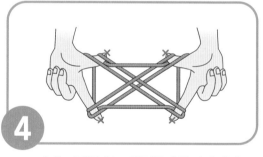

4 손을 아래로 하고 뒤집듯이 돌려서 테이블 위에 오게 한 다음, 모양이 무너지지 않도록 조심히 손가락을 푼다.

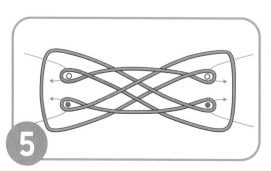

5 ●의 안에 엄지손가락을, ○의 안에 집게손가락을 각각 아래에서 넣어 떠온다.

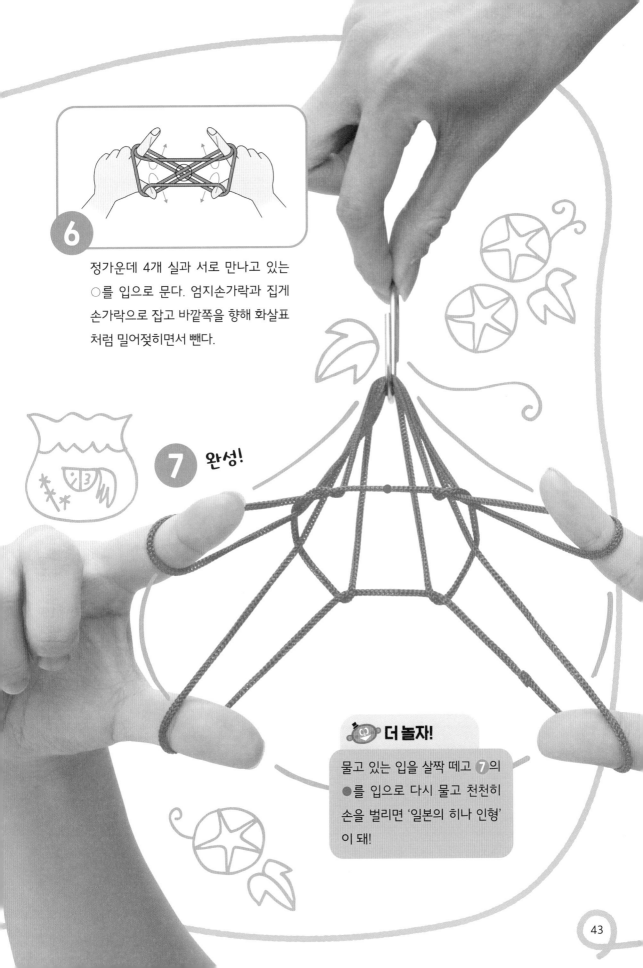

6

정가운데 4개 실과 서로 만나고 있는
○를 입으로 문다. 엄지손가락과 집게
손가락으로 잡고 바깥쪽을 향해 화살표
처럼 밀어젖히면서 뺀다.

7 완성!

🗨️ 더 놀자!

물고 있는 입을 살짝 떼고 **7**의
●를 입으로 다시 물고 천천히
손을 벌리면 '일본의 히나 인형'
이 돼!

꽃바구니

시작!　'나팔꽃'이 완성되면 그걸 넣을 바구니도 만들어 봐!
털실로 꽃바구니를 만들면 예뻐!

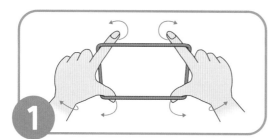

그림처럼 엄지손가락과 집게손가락에 실을 걸고 실을 손가락에 감듯이 손바닥을 돌린다.

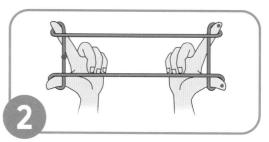

오른손 엄지손가락과 집게손가락으로 ●를 잡아서 한 번 꼬아 오른손 엄지손가락과 집게손가락에 건다.

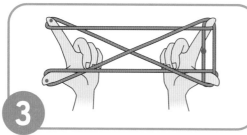

왼손 엄지손가락과 집게손가락으로 ●를 잡아서 2와 똑같이 한 번 꼬아 왼손 엄지손가락과 집게손가락에 건다.

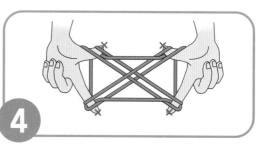

손을 아래로 하고 뒤집듯이 돌려 테이블의 위에 오게 한 다음, 형태가 무너지지 않도록 조심히 손가락을 푼다.

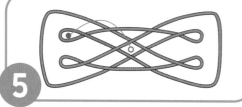

화살표처럼 실을 접고 ●의 고리가 정가운데의 ○와 겹쳐지도록 둔다.

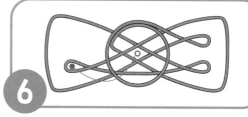

5와 똑같이 ●의 고리가 정가운데의 ○와 겹쳐지도록 실을 접는다.

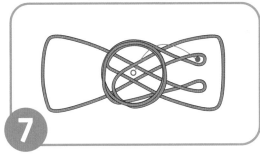

7 똑같이 실을 접는다.

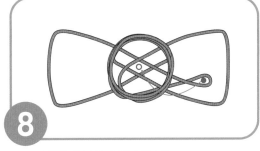

8 똑같이 남은 실도 접는다.

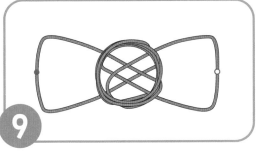

9 ●와 ○를 잡고 천천히 올린다.

 완성!

 더 놀자!

완성된 꽃바구니에 꽃을 살짝 얹으면 굉장히 예뻐! 모양이 무너지지 않도록 얹을 수 있겠어?

실뜨기 실로 놀자 2

무엇으로 보여?

바닥에 던진 실뜨기 실은 그때마다 다른 모양이 돼.
완성된 모양이 무엇으로 보이는지 상상해 보자!

1 처음에는 혼자서 연습해 보자. 실뜨기 실을 양손으로 위로 들고 던지듯이 떨어뜨려 보는 거야. 어떤 모양이 생겼을까? 각도에 따라 다른 것이 보여.

2 둘이서 동시에 끈을 떨어뜨려서 상대의 모양이 무엇으로 보이는지 서로 얘기해 보자. 빨리 말하는 쪽이 이기는 걸로 할까? 아니면 비슷한 것을 말하는 쪽이 이기는 걸로 할까? 게임 규칙은 여러 가지가 가능해!

'실뜨기, 실뜨기, 무엇을 만들까'라고
다같이 흥얼거리면서 여러 가지 모양을 만들어보자!

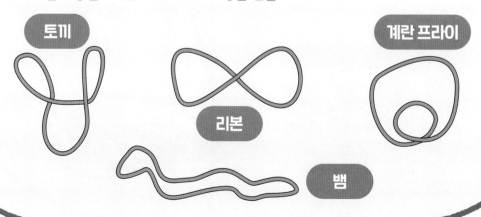

토끼

리본

계란 프라이

뱀

3

챌린지 실뜨기

더 어려운 실뜨기에 도전해보고 싶은 사람~?!
번쩍번쩍, 우르릉 쾅쾅, 살짝 무서운 '번개',
함께 힘을 합쳐 만드는 '크리스마스 트리'!
어디가 어려운지 얘기하면서 도전해도 좋아!

번개

 미국 원주민에게 전해지는 실뜨기야.
산에 번개가 치는 멋진 경치가 보이지 않아?

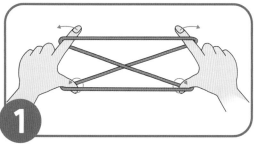

1 8자 모양의 실에 엄지손가락과 집게손
가락을 걸고 손바닥을 뒤집는다.

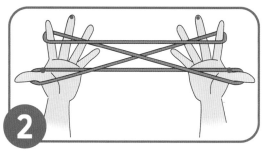

2 실의 위아래를 확인한 다음, 가운뎃손
가락으로 ●를 떠온다.

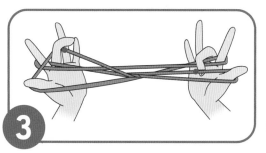

3 왼손은 다 떠왔고 오른손은 떠오려고 하는
순간의 그림.

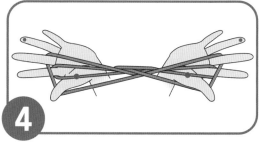

4 약손가락으로 ●를 떠온다.

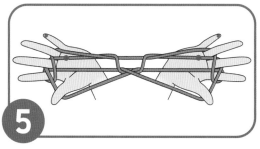

5 새끼손가락으로 ●를 떠온다.

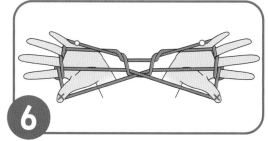

6 엄지손가락을 풀고 그 엄지손가락을 아
래에서 새끼손가락 공간에 넣어 ○를
눌러 밑으로 내리면-

7 번개 완성!

여기서 엄지손가락을 풀고 집게손가락과 가운뎃손가락 사이를 지나는 2개 실을 합쳐 떠오면-

우르릉
쾅쾅

8 산이 나타났다!

여기서 엄지손가락을 풀고 **6**처럼 새끼손가락의 공간을 눌러 밑으로 내리면 **7**로 돌아간다.

🐵 더 놀자!

7과 **8**을 번갈아 계속 하면 번개가 번쩍번쩍 우르릉 쾅쾅!

거미집

시작! 친구의 도움을 받아서 하는 실뜨기야.
마치 뜨개질을 하는 것 같아!

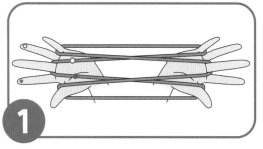

1 기본 모양에서 한 명이 왼손 집게손가락
으로 ●를, 약손가락으로 ○를 떠온다.

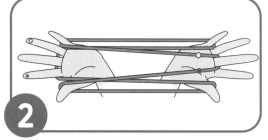

2 왼손 집게손가락으로 ●를, 약손가락으
로 ○를 떠온다.

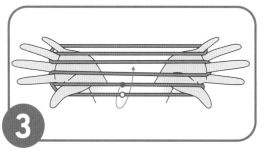

3 여기서부터는 다른 한 명이 떠온다. ●
의 실을 밑에서 떠오고 화살표와 같이
○의 실에 감아서 들어 올린다.

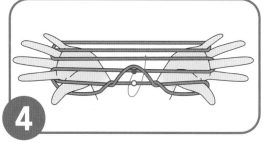

4 ❸에서 떠온 실을 풀고 똑같이 ●의 실
을 ○에 감아서 들어 올린다. 이것을 새
끼손가락 실까지 여러 번 한다.

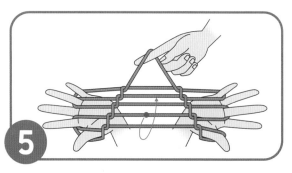

5 첫 번째 새끼손가락이 고리의
실까지 떠오면 한 손으로 그 실
을 잡아둔다. 다른 한 손으로
●의 실을 똑같이 떠온다.

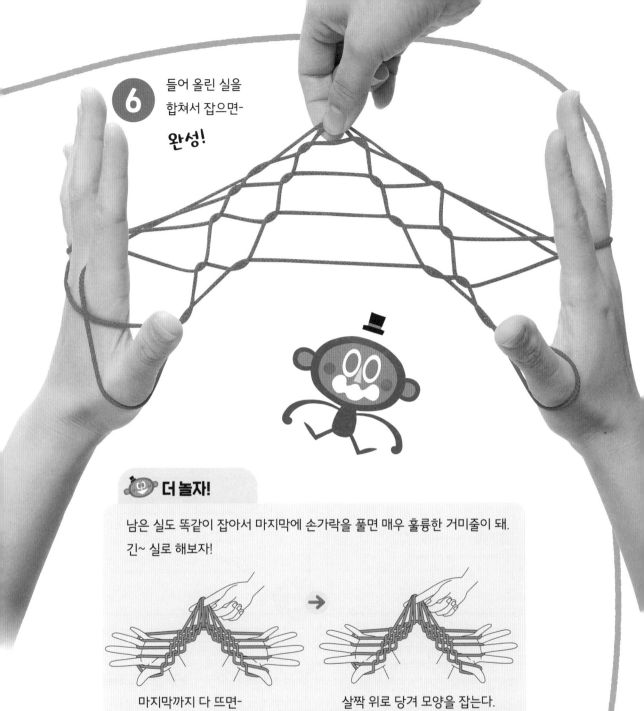

6 들어 올린 실을
합쳐서 잡으면-

완성!

🐵 더 놀자!

남은 실도 똑같이 잡아서 마지막에 손가락을 풀면 매우 훌륭한 거미줄이 돼.
긴~ 실로 해보자!

마지막까지 다 뜨면-　　　→　　　살짝 위로 당겨 모양을 잡는다.

한 번에 손가락을 풀고 손을 천천히 양쪽으로 펼치면
'훌륭한 거미집' 완성!

산 하나, 산 둘

시작! 등산은 두근두근 설레!
자연의 경치를 나타내는 실뜨기는 전 세계에 있어.

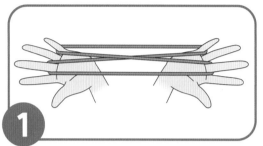

1 기본 모양에서 엄지손가락을 푼다.

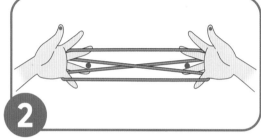

2 떠오기 쉽게 손의 방향을 바꾸고 엄지
손가락을 ●의 안으로 넣는다.

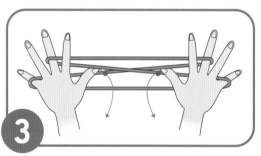

3 ●를 걸어 아래로 내린다.

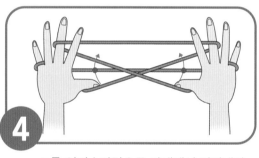

4 ●를 엄지손가락으로 아래에서 걷어낸다.

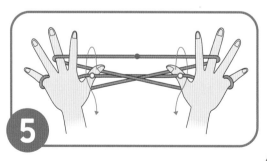

5

그 상태에서 위에서 ●를 누르고 화살표처럼
아래에서 위로 올려 뜬다. 이때 엄지손가락에
걸려 있는 ○는 자연스레 풀린다.

6 산 하나
완성!

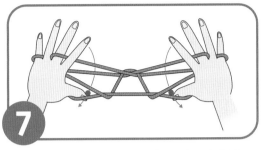

7 ●의 안에 집게손가락을 바깥쪽에서 넣는다.

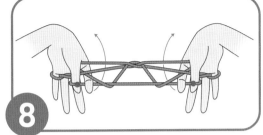

8 집게손가락의 바깥쪽으로 ●를 떠온다.
이때 엄지손가락에서 실이 풀린다.

9 산 둘 완성!

10 화살표처럼 엄지손가락으로 ●를 아래에서 떠오고 ○를 위에서 떠온다.

11 산 셋 완성!

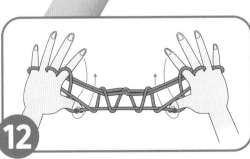

12 집게손가락으로 바깥쪽부터 화살표처럼 ●를 위로 올려 떠서 원래로 돌아간다.

13 가운뎃손가락과 약손가락으로 ●를 넓혀주면-

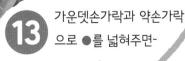

산 넷 완성!

세 갈래머리의 소녀

시작! 어려워 보여도 같은 동작을 여러 번 하기 때문에
익숙해지면 점점 잘 땋을 수 있게 돼!

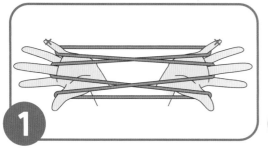

1 기본 모양에서 새끼손가락을 푼다.

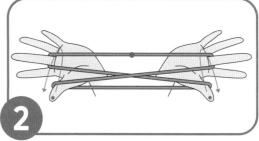

2 ●를 엄지손가락으로 화살표처럼 아래
에서 떠온다.

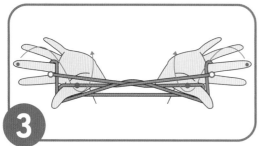

3 가운뎃손가락을 바깥쪽으로 돌리듯이
움직여 ●를 아래에서 떠온다. ○의 실
은 자연스레 풀린다.

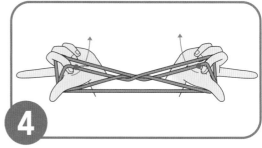

4 ●를 떠오는 모습. 가운뎃손가락을 돌
리면서 움직이면 떠오기 쉽다.

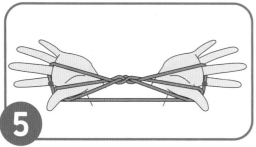

5 엄지손가락에서 ●를 푼다. 엄지손가락
을 살짝 굽히면 쑥 빠진다.

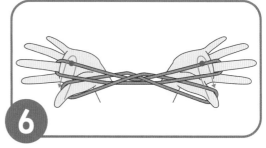

6 ●를 엄지손가락으로 아래에서 떠오면
3과 같은 모양이 되기에 **3**~**5**를
여러 번 한다.

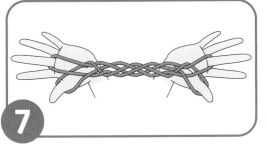

7

몇 번 하면 그림처럼 된다.

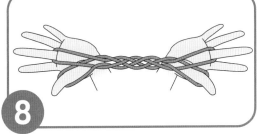

8

가운뎃손가락과 엄지손가락에서 실을
떠오기 어렵게 될 때까지 여러 번 한다.

9

손가락에서 풀고 ●와
○를 잡고 살짝만 벌
리면-

10

세 갈래머리의 소녀
완성!

크리스마스 트리

시작! 모두가 좋아하는 인기 만점 실뜨기.
같은 길이에 색깔이 다른 실로 만들어 보자!

실을 한 줄 아래로 두고 둘이서 다른
실을 손목에 건다. 각각 손을 화살표
처럼 바깥쪽에서 돌려서 손목에 실
을 감는다.

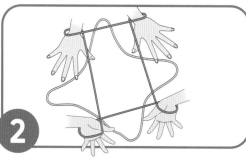

양손으로 아래의 실을 잡는다.

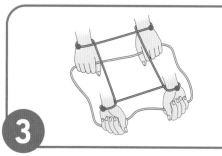

아래의 실을 단단히 쥔 채로 손목에 걸린
●를 푼다.

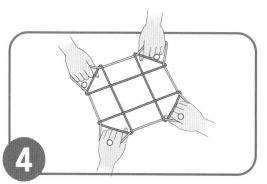

사각 모양 완성. 각각 ○의 공간에 쥐고 있
는 손을 위에서부터 손목까지 넣는다.

더 놀자!

❹에서 손을 하나 떼면 예쁜 삼각형
이 만들어져.

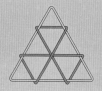

5 세 번째 실을 아래에 두고 각각 손으로 쥐고 화살표처럼 들어 올린다.

6 들어 올린 모습. 손목의 실은 자연스레 풀린다.

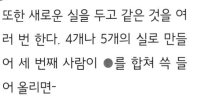

7 또한 새로운 실을 두고 같은 것을 여러 번 한다. 4개나 5개의 실로 만들어 세 번째 사람이 ●를 합쳐 쓱 들어 올리면-

8 완성!

 더 놀자!

실뜨기하는 실의 색깔 조합을 생각해보는 것도 재밌어. 많은 실로 길게 만들면 줄넘기나 목도리로도 쓸 수 있을 것 같아!

한마디 하기

하나의 실뜨기 실도 상상력을 펼친다면 여러 가지로 보여!
실로 만든 것을 친구들 앞에서 발표해 보는 놀이를 소개할게.

코피

예를 들어, 빨간 실을 가지고 '코피'라고
하거나 파란 실을 가지고 '콧물'이라고 하
는 거야. 이것만으로도 다들 재밌어해!

재밌다

좋은 생각이
떠올랐어

너도 해보지 않을래?

천사

혹부리 영감

경주 띠

훌라후프

헬리콥터

100캐럿 다이아

놀이
실뜨기

움직이거나, 놀이를 할 수 있는 실뜨기를 소개할게!
'가면'으로 변장할래? '장어'를 잡아볼래?
어느 것부터 만들어서 놀까!?

고무

시작! 늘였다 줄였다 하는 고무를 만들자.
만들 수 있는 고무는 2종류! 실이 빠지는 마술도 할 수 있어!

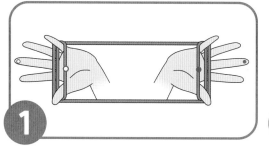

1 엄지손가락과 새끼손가락에 실을 건다.
새끼손가락이 고리의 실을, 양손의 엄
지손가락과 새끼손가락에 한 번 감으면
●와 ○를 각각 가운뎃손가락으로 떠
온다.

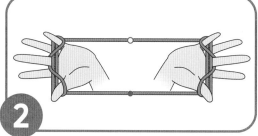

2 엄지손가락과 새끼손가락에서 ●와
○를 푼다.

3 ### 첫 번째 고무 완성!
양손에 힘을 빼고 손바닥을 펴거나
오므리면 고무가 늘었다 줄었다 한다.

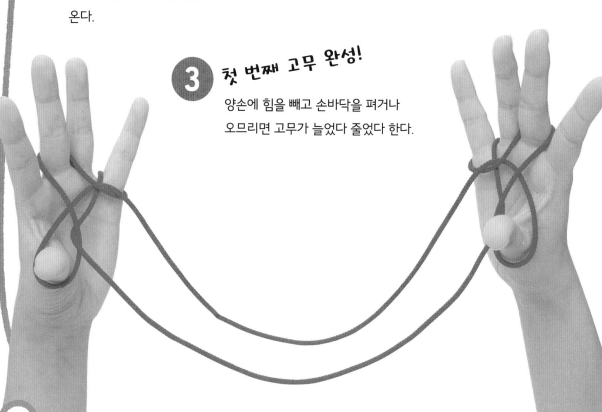

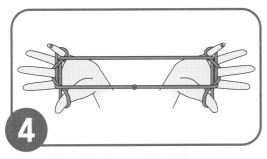

4 새끼손가락으로 ●를 떠온다.

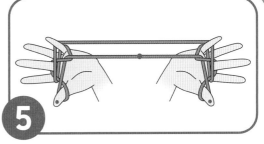

5 실의 위치와 떠오는 순서에 주의하며 엄지손가락으로 ●를 떠온다.

6 두 번째 고무 완성!

❸과 똑같이 손바닥을 펴거나 오므리며 논다.

더 놀자!

양손의 가운뎃손가락 실을 풀고 그림처럼 바로 앞 몸 쪽의 실을 입으로 물고 당기면 실이 쑥 빠져! 잘 안 되면 ❶의 감는 법부터 다시 해보자.

가면

시작! 실뜨기로 역할 놀이를 해보자!
실을 이중으로 해서 만들면 더 예뻐.

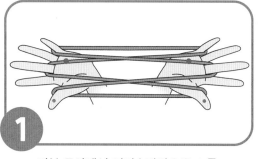

기본 모양에서 엄지손가락으로 ●를
떠온다.

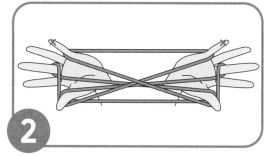

새끼손가락을 푼다.

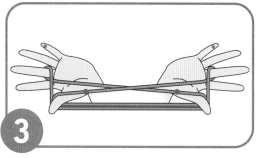

새끼손가락으로 ●를 떠온다.

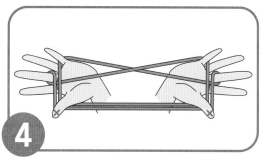

엄지손가락을 푼다.

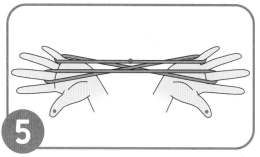

엄지손가락으로 ●를 떠온다.

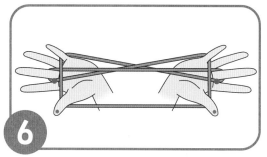

엄지손가락에 ●를 건다.

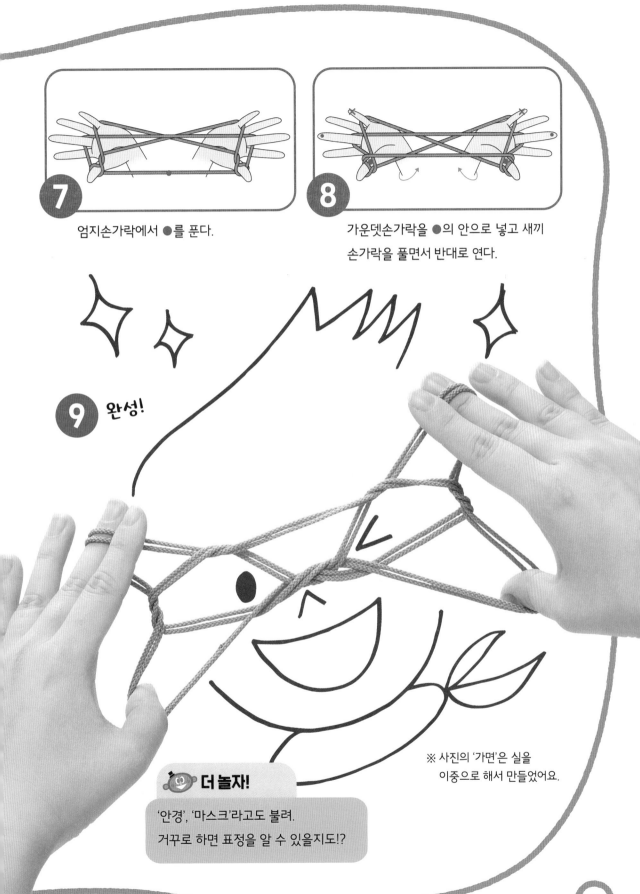

7 엄지손가락에서 ●를 푼다.

8 가운뎃손가락을 ●의 안으로 넣고 새끼
손가락을 풀면서 반대로 연다.

9 완성!

※ 사진의 '가면'은 실을
이중으로 해서 만들었어요.

🐵 더 놀자!

'안경', '마스크'라고도 불려.
거꾸로 하면 표정을 알 수 있을지도!?

엘리베이터

시작! 실을 쥔 손가락이 엘리베이터로 변신!
대사를 말하면서 실을 움직여보자.

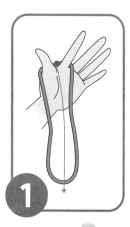

1 오른손으로 ●를 잡고 아래로 당긴다. 실은 마지막까지 풀지 않는다.

"지하로 내려갑니다."

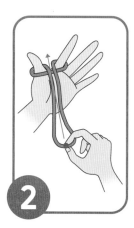

2 ●를 아래까지 당기면 화살표처럼 엄지손가락과 집게손가락의 사이를 통과하여 위로 올린다.

"위로 올라갑니다."

3 "옥상입니다."

엄지손가락에 ●를, 집게손가락에 ○를 화살표처럼 걸고 오른손을 다시 내린다.

4 오른손을 그대로 당기면-

"좋은 시간 되세요."

😀 **더 놀자!**

실이 손가락에서 빠진다!

"방문해 주셔서 감사합니다."

깜짝 빗자루

시작! 금세 완성되는 빗자루는 그야말로 매직!
빨리 할 수 있도록 연습해 보자!

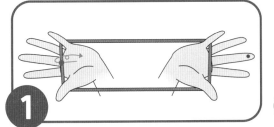

1 그림과 같이 실을 엄지손가락과 새끼손가락에 걸고 오른손 가운뎃손가락으로 아래에서 ●를 떠오고 한 번 꼬아 원래로 돌린다.

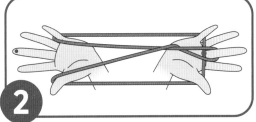

2 왼손 가운뎃손가락으로 ●를 떠온다.

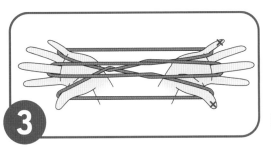

3 양손을 마주쳐 오른손 엄지손가락과 새끼손가락 실을 뺀다.

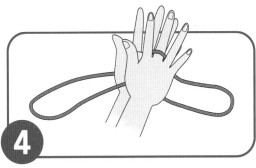

4 풀린 상태.

 5 완성!

더 놀자!

❶에서 위로부터 떠오는 방법도 있어. 그때는 두 번 꼬아 되돌리면 잘 돼.

베틀

시작! 직녀가 실을 엮어서 천을 만들던 '베틀'이야.
어려울 때는 누군가의 도움을 받아서 해!

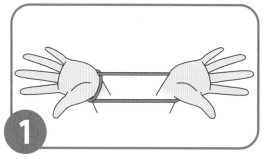

1 양 손목에 실을 걸고 왼쪽 손목에 시계
방향으로 실을 감는다.

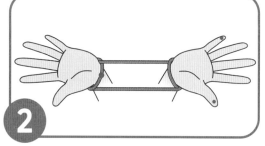

2 마찬가지로 오른쪽 손목에도 시계방향
으로 실을 휘감으면 오른손 엄지손가락
과 새끼손가락으로 ●를 떠온다.

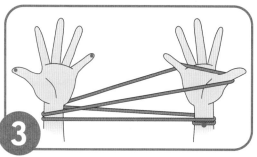

3 똑같이 왼손으로도 ●를 떠온다.

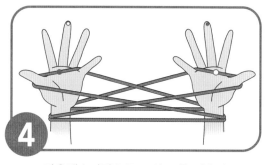

4 가운뎃손가락으로 ●와 ○를 떠온다.

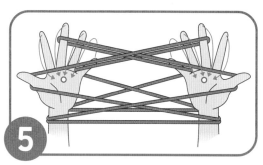

5 엄지손가락을 뺀 4개의 손가락을 ○에
넣는다.

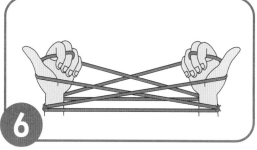

6 양 손목에 걸린 2개의 실을 합쳐서 쑥
뺀다.

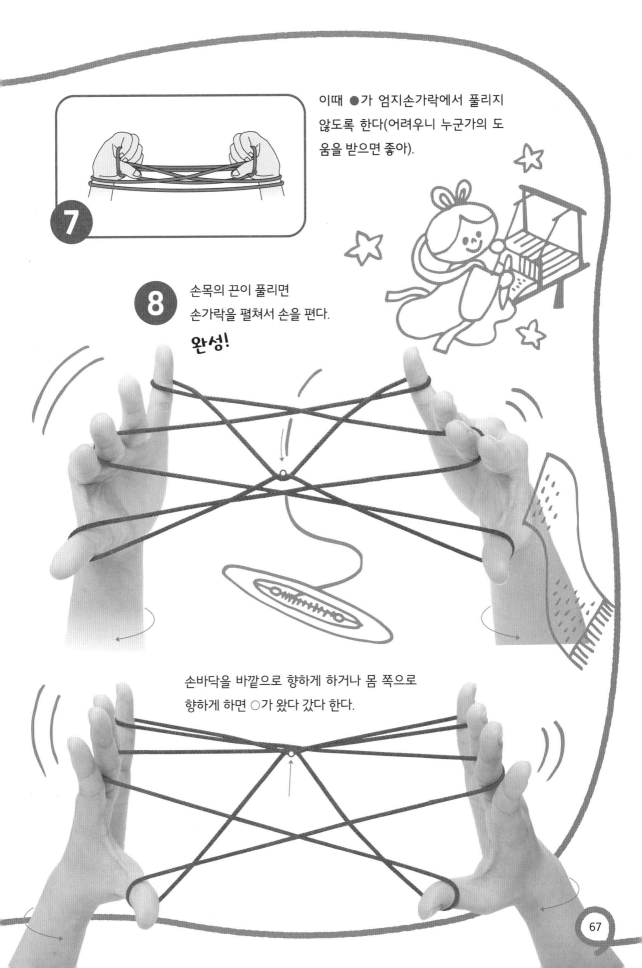

이때 ●가 엄지손가락에서 풀리지
않도록 한다(어려우니 누군가의 도
움을 받으면 좋아).

7

8 손목의 끈이 풀리면
손가락을 펼쳐서 손을 편다.

완성!

손바닥을 바깥으로 향하게 하거나 몸 쪽으로
향하게 하면 ○가 왔다 갔다 한다.

장어

시작! 미끈미끈 장어가 잡은 손에서 쓱 하고 도망가.
다양한 섬들로 이루어진 나라 파푸아뉴기니의 실뜨기야!

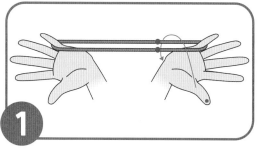

1 양손의 새끼손가락에 실을 걸고 오른손
엄지손가락으로 화살표처럼 ●의 2개
실을 합쳐서 떠온다.

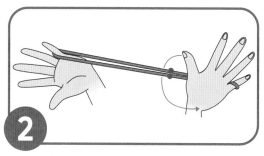

2 떠오는 모습.

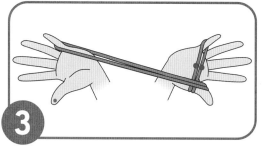

3 왼손 엄지손가락으로 ●를 2개 합쳐서
떠온다.

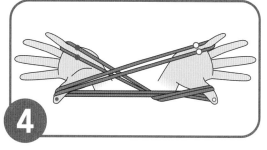

4 양손 엄지손가락으로 각각 새끼손가락
의 ●와 ○를 2개 합쳐 떠온다.

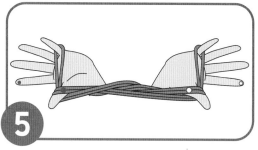

5 집게손가락으로 ●와 ○를 각각 2개
합쳐 떠온다.

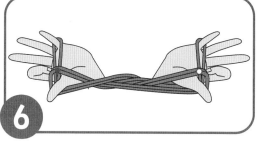

6 떠온 다음, 왼손만 손등이 바깥을 향하
도록 돌린다.

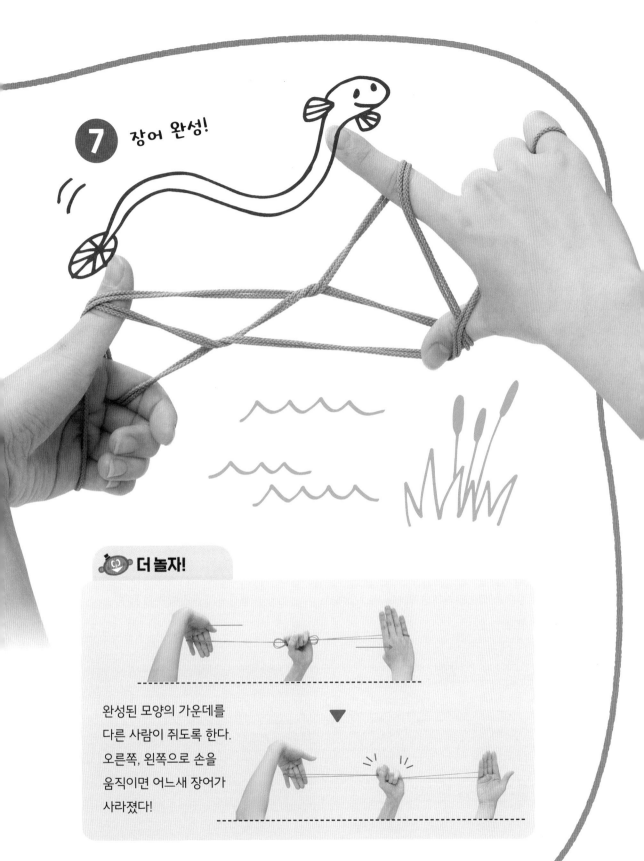

7 장어 완성!

더 놀자!

완성된 모양의 가운데를
다른 사람이 쥐도록 한다.
오른쪽, 왼쪽으로 손을
움직이면 어느새 장어가
사라졌다!

노래하며 놀자

노래하면서 실뜨기로 모기를 만들자.
익숙해지면 노래를 빨리 부르며 도전해 보기!

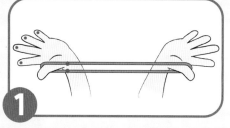

1 양손 엄지손가락에 실을 걸고 왼손의 남은 4개의 손가락을 떠온다.

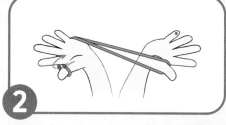

2 오른손 새끼손가락으로 ●의 실 2개를 떠온다.

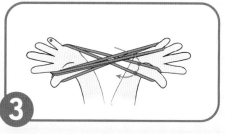

3 왼손 새끼손가락으로 화살표 방향으로 ●를 떠온다.

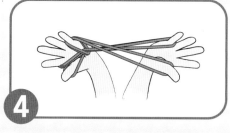

4 손등의 ●를 4개 손가락에서 푼다.

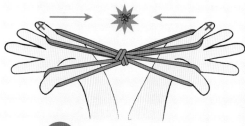

5 모기 완성!

탁 하고 친 다음 양손 새끼손가락을 풀면 원래대로 돌아온다.

여러 번 치면서 놀면 매우 즐거워! 여기에 노래를 붙여서 하면 더 재밌어. 노래하면서 번호별 동작을 해보자.

1 모기가 날아왔어 **2** 모기가 날아왔다
3 물리기 전에 **4** 꾹 눌러버리
5 자(탁 치고 새끼손가락 풀기)
1 엇 **2** 또 왔 **3** 다
4 모기가 **5** 날아왔다

익숙해지면 친구 들과 해보자!

매직
실뜨기

실뜨기 실로 모두를 놀라게 할 마술도 할 수 있어!
손가락이나 팔에 건 실이 쑥 빠지거나
감겨 있는 줄 알았던 실이 확 풀리기도 하지.
할 수 있게 되면 어떻게 그렇게 되는지 친구들에게도 알려주자!

뱀

 시작!

실뜨기 실로 긴~ 뱀을 만들어 보자!
손에 감은 뱀이 어느샌가 달아나 버려.

1 양손에 실을 걸고 ●를 왼손으로 잡고
오른쪽 손목에 한 번 휘감는다.

2 오른손을 화살표처럼 고리 안으로
넘긴다.

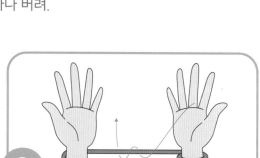

3 **완성!**
왼손을 당기면 손목에 감긴 실이
쓱 빠진다.

더 놀자!

③에서 손을 펼칠 때 천천히 하
면 정말 뱀이 휘감는 것처럼 보
일 수 있어.

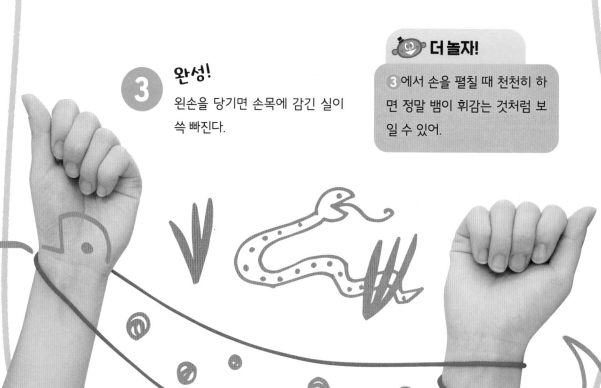

고리 연결

시작! 실뜨기 실 양 끝에 만든 고리가
마술을 걸면 탁 연결되는 신기한 매직!

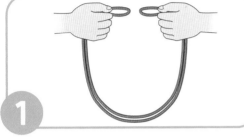

1 실의 양 끝을 잡고 '수리수리 마수리'라
고 주문을 건다. 이때 고리에 끊김이 없
는 것을 보여준다.

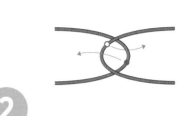

2 실의 양 끝을 겹쳐 왼손으로 ●를, 오른
손으로 ○를 잡고 화살표처럼 떠온다.

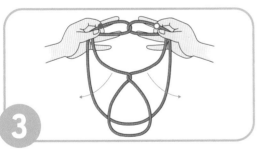

3 ❷에서 떠온 실과 함께 왼손으로 ●를,
오른손으로 ○를 잡고 가운뎃손가락과
약손가락과 새끼손가락을 푼다.

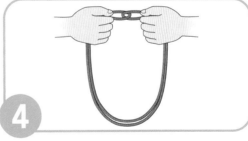

4 실을 살짝 흔들어 꼬임이 사라지면-

5 **엇?**
떨어져 있던 고리가 연결됐다!

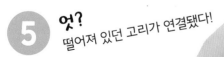

가운뎃손가락 빼기

시작!   쉬워 보이지만 실을 거는 방법이 매우 중요!

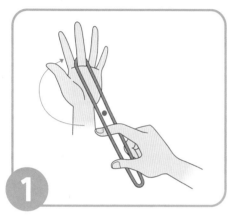

1

왼손 가운뎃손가락에 실을 건다.
오른손 집게손가락을 ●에 넣고 실을
잡아 왼쪽 손등에 둘러 가운뎃손가락에
건다. 이때 손바닥이 자기 쪽을 향하도
록 돌리는 것이 좋다.

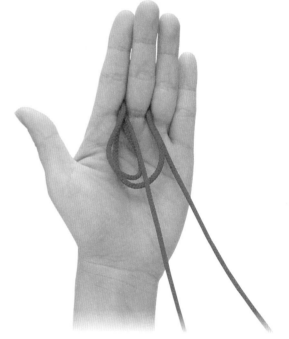

2   엄지손가락의 실 2개를 풀어 집
게손가락과 가운뎃손가락 사이에
낀다.

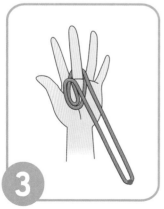

3   ●를 당기면 쏙 하고 빠
진다.

🐵 더 놀자!

2에서 집게손가락, 가운뎃손가
락, 약손가락을 딱 붙이고 '어? 잘
안되네'라는 표정을 하며 당기고
'우아!'라고 말하면서 빼면 반응이
좋아.

수갑

시작! 다른 사람에게 '좀 도와줘'라고 말하고 도움을 받자.
잡힌 상대는 깜짝 놀랄지도!

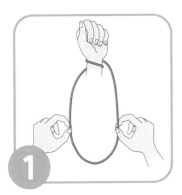

1 상대의 손목에 실을 한 번 감는다.

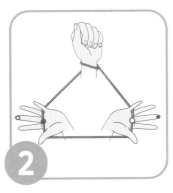

2 가운뎃손가락으로 ●와 ○를 떠온다.

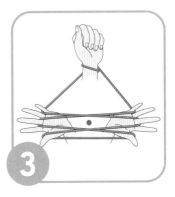

3 ●의 안에 상대의 손을 아래에서 넣는다.

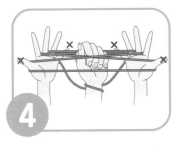

4 엄지손가락과 새끼손가락을 풀어 양손을 넓게 펼치면-

5 완성!

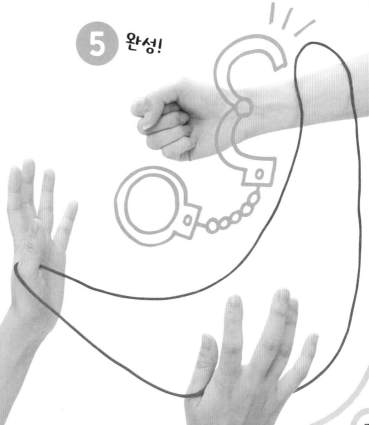

 더 놀자!

다른 방법도 있대! 어떤 방법으로 같은 것을 만들 수 있을지 생각해 보자!

실 옮기기

시작! 집게손가락에 건 실이 가운뎃손가락으로 옮겨가는 마술이야.
실 감기 잘 할 수 있으려나?

왼손 집게손가락에 실을 걸고 집게손가락과 가운뎃손가락의 실 2개에 왼쪽 방향으로 감는다(왼쪽 손등에서 봤을 때 ●가 ○보다 손가락 끝이 앞서도록).

1

두 번 휘감은 다음, 보고 있는 사람이 눈치채지 못하도록 ●의 실만을 집게손가락과 가운뎃손가락에서 한 번 풀고 똑같이 감는다.

2

둥글둥글 감았다면 오른손으로 ●의 실 2개를 잡고 화살표처럼 풀면- 와, 신기하다!

3

4

가운뎃손가락으로 실이 이동해 있어!

🐵 더 놀자!

 에서 실을 풀 때 아무렇지 않게 하는 것이 중요해. 말하면서 쓱 할 수 있도록 연습하자.

오늘의 운세

시작! 언제 어디서든 오늘의 운세를 알아보자.
손가락이 걸리지 않았다면 오늘은 '럭키 데이'!

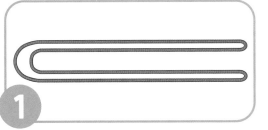

1 실을 2개 접고 접은 쪽을 잡는다.

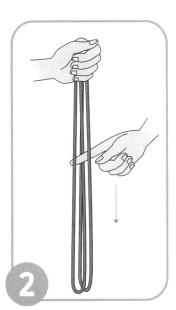

2 실과 실의 사이에 손가락을
넣고 그대로 내리면

3 럭키-! 빠졌다-!!
서로 바꿔서 놀자.

손가락 빼기

시작! 손가락에 감은 실이 술술 빠지면 기분이 좋아!

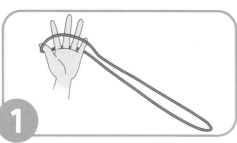

1 그림처럼 왼손에 실을 걸고 오른손 집게손가락으로 ●를 떠오고 오른쪽으로 꼰다.

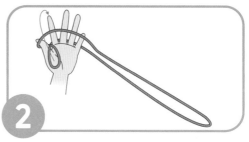

2 완성된 고리를 집게손가락에 건다.

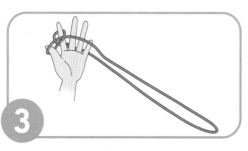

3 오른손 집게손가락으로 ●를 떠오고 오른쪽으로 꼬아 생긴 고리를 가운뎃손가락에 건다. 이처럼 순서대로 새끼손가락까지 건다.

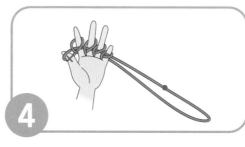

4 엄지손가락을 풀고 손바닥 쪽에 있는 ●를 오른쪽으로 당기면-

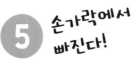

5 손가락에서 빠진다!

🐵 더 놀자!

긴 실로 이중 손가락 빼기에도 도전!
새끼손가락 뒤의 실을 앞으로 돌려서 엄지손가락 바깥이 고리에서 한 번 감기면 그 후엔 **1**~**4**와 같은 방법이야!

8자

시작! '1, 2, 3' 신호에 맞춰 실을 당기면 누르고 있었던 8자의 꼬임이 없어져!

1 실이 8자가 되도록 꼬아 테이블 위에 올려둔다.

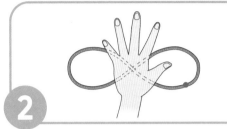

2 왼손으로 가운데의 실이 만난 곳을 누르고 오른손으로 ●를 잡아서-

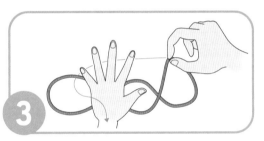

3 화살표처럼 왼손 엄지손가락을 뺀 4개 손가락에 건다.

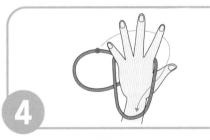

4 오른손을 비틀어 고리의 바깥쪽에 엄지손 가락이 오도록 ●를 잡고 화살표처럼-

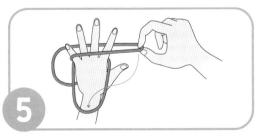

5 왼손 엄지손가락을 뺀 4개 손가락에 걸어 손등 쪽으로 가져간다.

6 손등에 있는 2개의 실을 함께 당기면-

실이 빠진다!

작은 요정이 사라지는 마법

시작! 작은 요정이 로켓으로 변신해서 사라지는
그야말로 마법 같은 실뜨기!

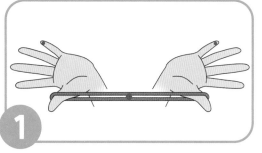

1 실을 엄지손가락에 걸고 2개의 ●를 새끼
손가락으로 합쳐 떠온다.

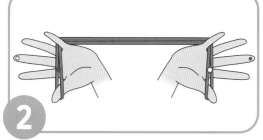

2 가운뎃손가락으로 ●와 ○를 각각 2개
합쳐서 떠온다.

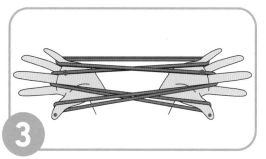

3 엄지손가락으로 ●를 각각 2개 합쳐서
건다.

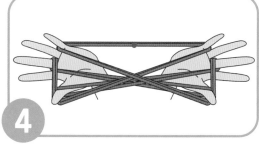

4 엄지손가락의 가장 아래 끈을 위에서
풀고 ●를 새끼손가락에서 푼다.

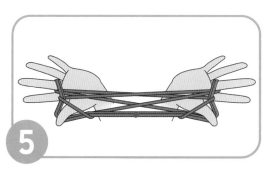

5 2개의 ●를 합쳐 입으로 문다.

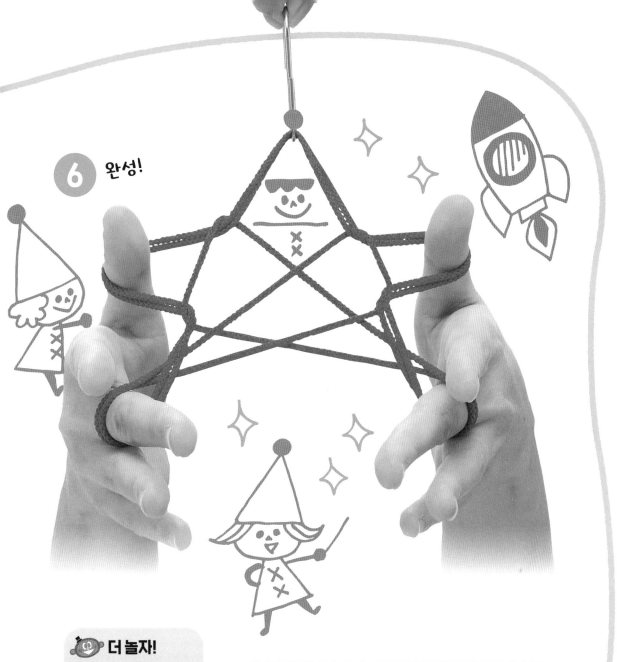

6 완성!

🎦 더 놀자!

입으로 문 실을 더 당기면 작은 요정이 로켓으로 변신해! 거기서 양손을 마주 보고 치면서 엄지손가락을 풀면 로켓이 발사! 실이 쓱 하고 빠져!

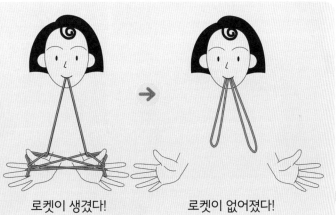

로켓이 생겼다! → 로켓이 없어졌다!

똑같이 똑같이

다 함께 짠! 리더와 같은 모양을 만들자.

해보니까 생각보다 어렵다고?

그래도 생각하는 대로 손가락이 움직여서 맞았을 때는 매우 기뻐!

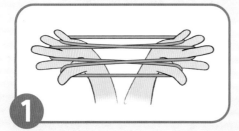

1

기본 모양을 다 함께 만들자.

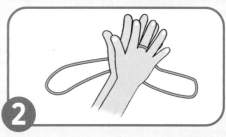

2

리더의 '준비…… 짠'이라는 신호와 함께 손과 손을 마주친다. 동시에 왼손과 오른손의 실을 하나씩 남긴다. 리더와 같은 손가락의 실을 남겼다면 대성공!

리더

다음 리더

맞춘 사람이 다음 리더가 돼

6

고무줄
실뜨기

집에 있는 '고무줄'로도 실뜨기를 할 수 있다는 것 알아?
고무줄로 로켓이나 별 만들기 혹은 마술 등 즐거운 놀이가 많아!
고무줄과 실뜨기 실을 조합한 놀이도 소개할게!

고무줄 회오리

시작! 실뜨기 실을 따라 빙글빙글 도는 고무줄 회오리!
스피드를 즐기면 기분이 좋아.

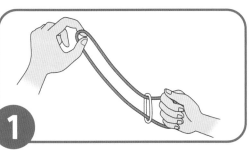

1 실에 고무줄을 통과시킨다. 양손으로 실의 양 끝을 잡고 고무줄을 오른쪽 끝으로 보낸다.

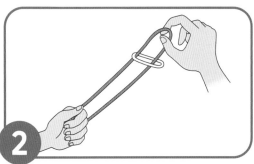

2 실의 폭이 가능한 좁아지게 집게손가락과 엄지손가락으로 잡은 다음, 오른손을 올려 실을 팽팽히 당긴다. 고무줄이 실에 걸렸을 때 살짝 느슨히 한 다음, 다시 팽팽히 당긴다.

3 완성!

더 놀자!
쓰는 실의 종류에 따라 고무줄이 떨어지는 스피드가 달라져. 다양한 종류의 실로 즐겨봐!

고무줄 이동

시작! 고무줄이 손가락에서 손가락으로 순간 이동!
손가락 체조가 될 수 있을지 몰라.

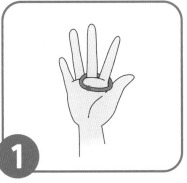

1 오른손 집게손가락과 가운뎃손가락
에 고무줄을 걸고 왼손으로 ●를 당
긴다.

2 ●에 오른손 엄지손가락을 뺀 4개의
손가락을 넣는다.

3 당기고 있는 왼손을 풀고 오른
손을 펼쳐 보면-

4 고무줄이 이동했다!

떨어지는 고무줄

시작! 고무줄과 실뜨기 실로 만드는 매직이야.
실 푸는 방법을 마스터할 수 있을까!?

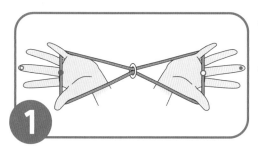

1 고무줄을 통과시킨 실을 그림처럼 양손에 걸고 가운뎃손가락으로 ●와 ○를 건다.

2 양손을 마주치고 바로 그 순간, 재빨리 오른손 엄지손가락과 새끼손가락, 왼손 가운뎃손가락과 새끼손가락을 푼다.

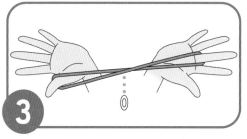

3 양손을 펼치면 끈에 통과된 고무줄이 빠져 아래로 떨어진다.

더 놀자!

고무줄 대신 집에 있는 반지나 집게손가락과 엄지손가락으로 만든 고리로도 해봐!

고무줄 개구리

시작! 하나의 고무줄이 손바닥 크기의 문으로도,
네모난 창문으로도, 개구리로도 될 수 있어!

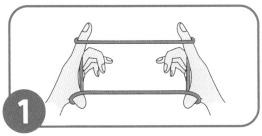

1 손을 아래로 해서 엄지손가락과 집게손가락에 고무줄을 걸고 손을 위로 향하게 한다.

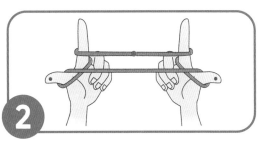

2 ●를 엄지손가락으로 떠온다.

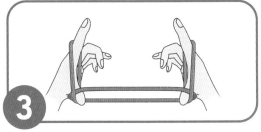

3 ●를 위의 실을 넘어 엄지손가락에서 푼다.
(어려울 때는 다른 사람의 도움을 받는다)

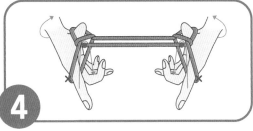

4 거꾸로 하면 문이 된다! 여기서 사다리를 만들 때 했던 동작으로 화살표처럼 집게손가락으로 ●를 떠온다.

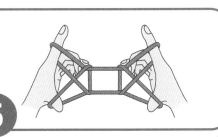

5 '네모난 창문' 완성!
여기서 집게손가락을 벌리면-

6 개구리 완성!

로켓

시작! 한 손에 2종류의 로켓을 만드는 고무줄 실뜨기!
다른 한 손으로도 함께 만들어 보자.

1 ●를 엄지손가락으로
떠온다.

2 ●를 엄지손가락으로 떠온
다(다른 한 손도 써보자).

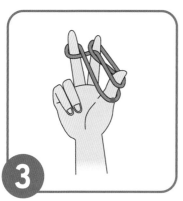

3 ●를 엄지손가락에서 푼다.

4 로켓 완성!

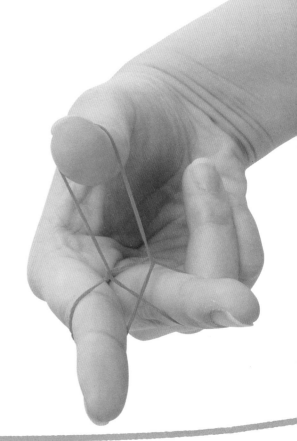

5

●의 안에 집게손가락과
가운뎃손가락을 넣는다.

6

엄지손가락을 푼다.

7

●를 엄지손가락으로
떠온다.

8 또 다른 로켓 완성!

●의 안에 집게손가락과 가운뎃
손가락을 넣고 엄지손가락을
풀면-

9 짠, 원래대로 돌아온다!

이중 별

시작! 먼저 큰 별을 만들자! 만들었어?
그렇다면 다음은 이중으로 된 별을 만들 수 있어!

1

왼손 엄지손가락과 집게
손가락에 고무줄을 건다.
오른손으로 아래에서 ●
를 떠오고 한 번 꼰 다음
왼손 새끼손가락에 건다.

2

엄지손가락의 밑부분의
공간에서 오른손 집게손
가락을 넣고 화살표처럼
●를 위에서 떠온다.

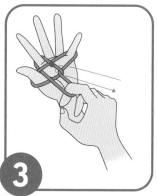

3

4 큰 별 완성!

오른손 새끼손가락으로
●를 화살표처럼 떠온다.

5

왼손 엄지손가락과 새끼
손가락을 푼다.

6

오른손 고무를 각각 왼손
엄지손가락과 새끼손가
락으로 옮긴다.

7

오른손 집게손가락과 가운뎃손가락을 화살표처럼 ●를 떠온 다음 꼰다.

8

오른손 집게손가락을 ●에, 가운뎃손가락을 ○에 넣는다.

9

10

이중 별 완성!

오른손 엄지손가락으로 **7**에서 떠온 고무를 풀면-

색이 다른 이중 별을 만들어 보자!

 → 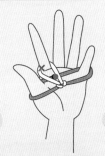 →

됐다!

색이 다른 고무줄을 묶어 왼손 엄지손가락과 새끼손가락에 걸고 ●를 집게손가락에 건다.

오른손으로 ●를 떠오고 왼손으로 집게손가락을 푼 다음, 이 집게손가락에 떠온 ●를 건다.

이런 모양이 된다. 그다음 앞선 이중 별 **7**부터 똑같이 만든다.

실뜨기 실로 놀자 ❻

날리며 놀자

실뜨기 실을 뿅 하고 날려보자. 잘 조준해 보기도 하고,
누가 더 멀리 날리나 경쟁도 하고 노는 방법은 여러 가지야!

① 한 손의 엄지손가락에 실을 걸고 반대
편 손의 집게손가락을 아래로 향하게
한 후, 실을 잡는다.

② 실을 쭉 당기고 엄지손가락을 앞으로
굽히면서 집게손가락을 풀면 실이 뿅
날아간다.

여기에 걸어봐

형제나 친구들이 모이면 목표
물을 정해 날려보거나 누가 가
장 멀리 날리나 경쟁하며 놀 수
있어.

실뜨기 화살

실뜨기 실에 고무줄을 걸어
날리면 더 멀리 날아가!

고무줄 소총

고무줄을 새끼손가락에 건 다음, 엄지
손가락의 바깥쪽을 지나 집게손가락에
건다. 새끼손가락을 풀어 발사!

※ 끈이나 고무줄을 가지고 놀 때 다치는 사람이 없도록 조심해야 해요!

7

변신 실뜨기

'게'에서 '사탕'으로 '사탕'에서 '여자아이'로!
손가락을 움직이는 것만으로 한 줄의 실이 계속해서 변신해.
완성된 모양부터 이야기를 만들어가면
세상에 하나밖에 없는 스토리가 만들어질걸!

게 → 사탕 → 양 갈래 소녀

시작! 게에서 소녀로 변신한다니 상상이 가?
쉽지만 해보면 깜짝 놀랄 거야!

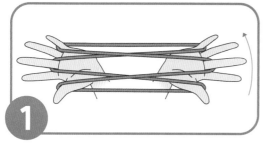

1 기본 모양에서 오른손을 반대 방향으로 꼰다.

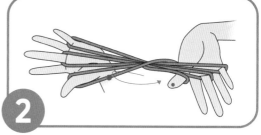

2 오른손 엄지손가락으로 ●를 안쪽에서 떠오고 비틀어진 손을 원래로 되돌린다.

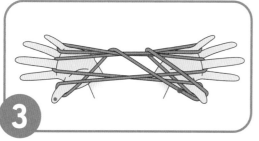

3 왼손 엄지손가락으로 ●를 떠온다.

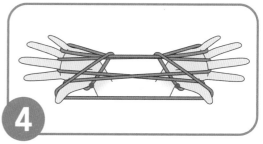

4 엄지손가락의 ●를 위의 실을 넘어서 빼면-

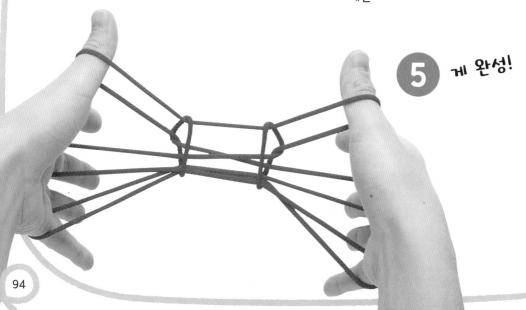

5 게 완성!

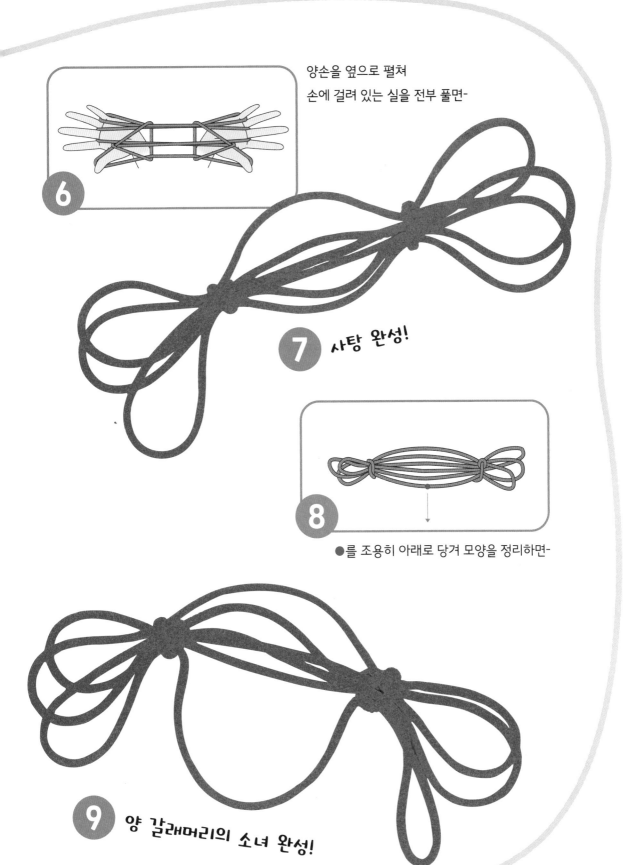

양손을 옆으로 펼쳐
손에 걸려 있는 실을 전부 풀면-

6

7 사탕 완성!

8

●를 조용히 아래로 당겨 모양을 정리하면-

9 양 갈래머리의 소녀 완성!

문 → 빗자루 → 숲속의 오두막 → 가위 → 나비 → 전선

시작! 하나의 모양이 완성돼도 거기서 끝이 아니야!
계속 해서 다른 모양을 만들어 가는 실뜨기야.

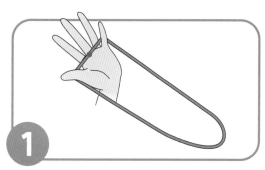

1 왼손 손바닥의 ●를 오른손 집게손가락
으로 당긴다.

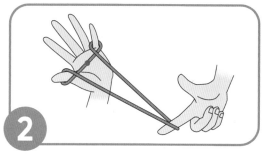

2 오른손 집게손가락으로 한 번 더 ●를
당긴다.

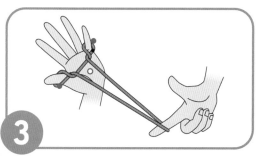

3 오른손 집게손가락을 풀어 오른손을 ○
의 안으로 위에서부터 넣어 오른손 엄
지손가락과 집게손가락으로 ●를 위에
서부터 걸듯이 떠온다.

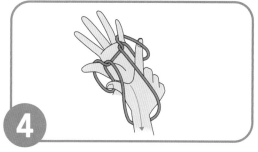

4 떠온 모습. 오른손 엄지손가락과 집게
손가락으로 걸린 실을 화살표처럼 당기
면 손목 실은 자연스레 빠진다.

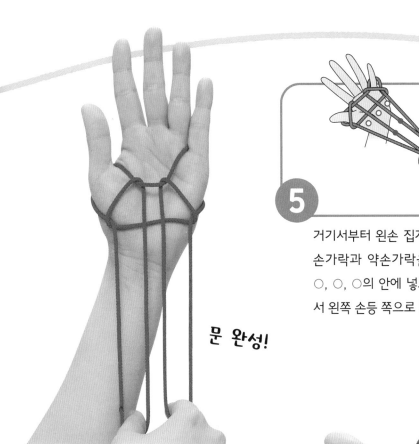

문 완성!

5 거기서부터 왼손 집게손가락과 가운뎃
손가락과 약손가락을 각각 순서대로
○, ○, ○의 안에 넣고 ●의 실을 위에
서 왼쪽 손등 쪽으로 돌린다.

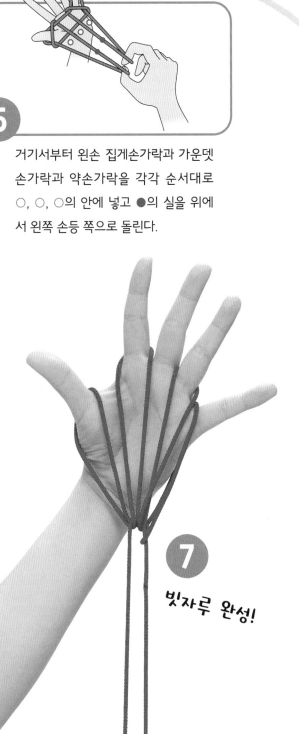

6 ●의 실을 왼쪽 손등에 돌린
모습. 돌리면 오른손으로 ○
를 당긴다.

7 빗자루 완성!

이어서···

8 ❼에서 오른손을 풀고 집게손가락을 화살표처럼 넣고, 왼손 집게손가락과 약손가락에 걸려 있는 ●의 실 4개를 합쳐서 몸 앞으로 당긴다.

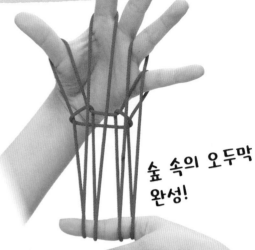

숲 속의 오두막 완성!

9 오른손 집게손가락을 풀고 다시 ●를 당기면 '빗자루'로 돌아온다.

10 오른손을 한 번 풀어 ○의 안으로 아래에서 엄지손가락과 집게손가락을 넣고 왼손 집게손가락과 약손가락의 ●를 각각 오른손 엄지손가락과 집게손가락으로 옮겨 바꾼다.

11 가위 완성!

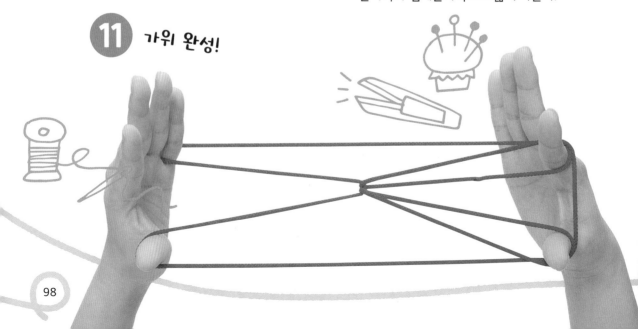

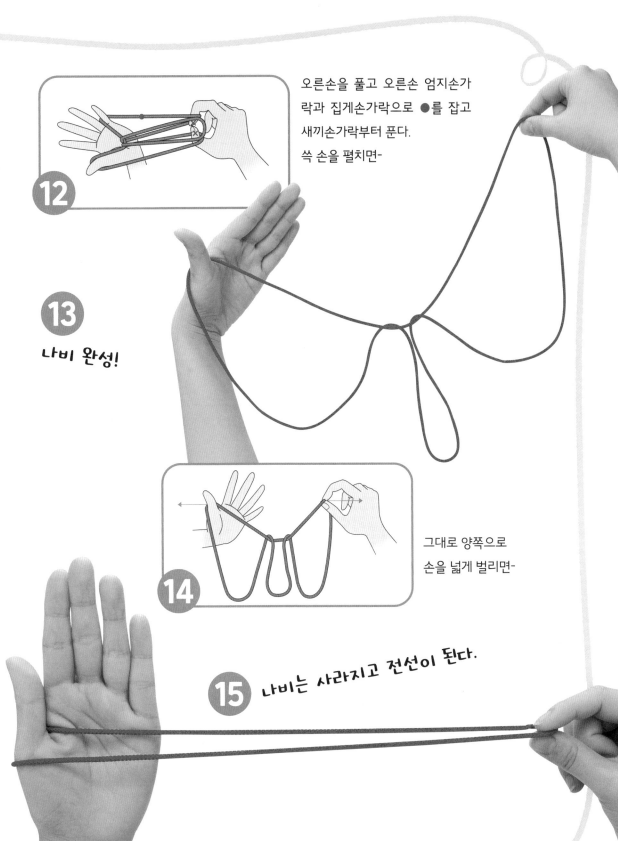

오른손을 풀고 오른손 엄지손가
락과 집게손가락으로 ●를 잡고
새끼손가락부터 푼다.
쓱 손을 펼치면-

13

나비 완성!

12

14

그대로 양쪽으로
손을 넓게 벌리면-

15 나비는 사라지고 전선이 된다.

그네 ➔ 실을 감는 실패 ➔ 잠자리

시작! 살랑살랑 흔들리는 그네를 둥그렇게 돌리면 정말 신기해!
실패와 잠자리까지 완성해 보자!

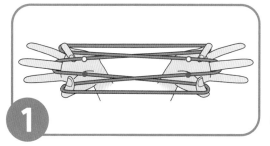

1 기본 모양에서 엄지손가락으로 ●를,
새끼손가락으로 ○를 각각 떠온다.

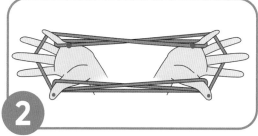

2 엄지손가락으로 ●를 떠온다.

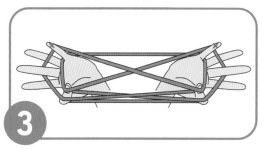

3 새끼손가락을 푼다.

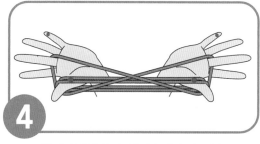

4 새끼손가락으로 엄지손가락의 ●를
2개 합쳐서 떠온다.

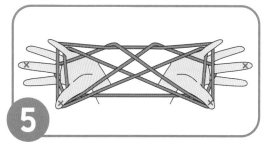

5 엄지손가락과 가운뎃손가락의 실을 푼다.

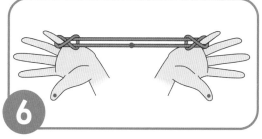

6 엄지손가락으로 ●를 떠온다.

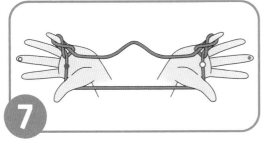

7

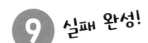 가운뎃손가락으로 ●와 ○를 떠온다.

8 그네 완성!

잡은 상태에서 몸 쪽에서부터
실을 3번 정도 휘감는다.

9 실패 완성!

달린 실을
입으로 당기면-

10

조용히 손가락에서 풀고
모양을 정리하면

멋진 잠자리 완성!

5개의 다이아 → 밤 → 미끄럼틀 → 거북이 → 창문 → 고무 → 비행기 → 투구 → 오늘의 운세

시작! 잇달아 모양을 바꾸는 재밌는 실뜨기! 마지막에는 오늘의 운세를 봐보자!

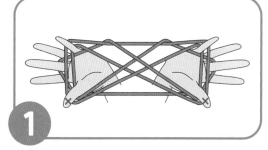

1 100페이지 '그네'의 **5**번부터 엄지손가락만 푼다.

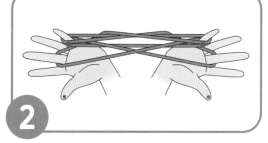

2 엄지손가락으로 새끼손가락의 ●를 각각 2개 합쳐서 떠온다.

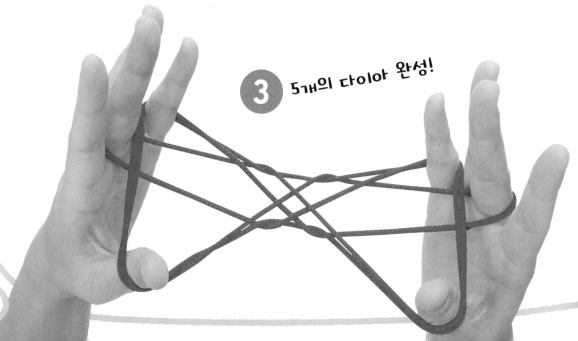

3 5개의 다이아 완성!

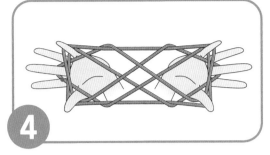

4 왼손 가운뎃손가락의 ●를 오른손 가운
뎃손가락으로 옮긴다.

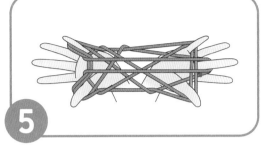

5 오른손 가운뎃손가락에 원래 있던 ●를
위의 실 아래를 지나 왼손 가운뎃손가락
으로 옮긴다.

6 밤 완성!

여기서 오른손
가운뎃손가락을 풀면-

7 미끄럼틀 완성!

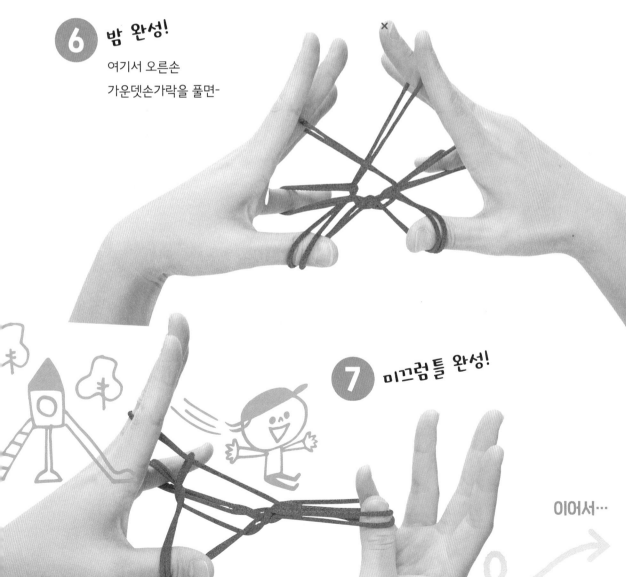

이어서…

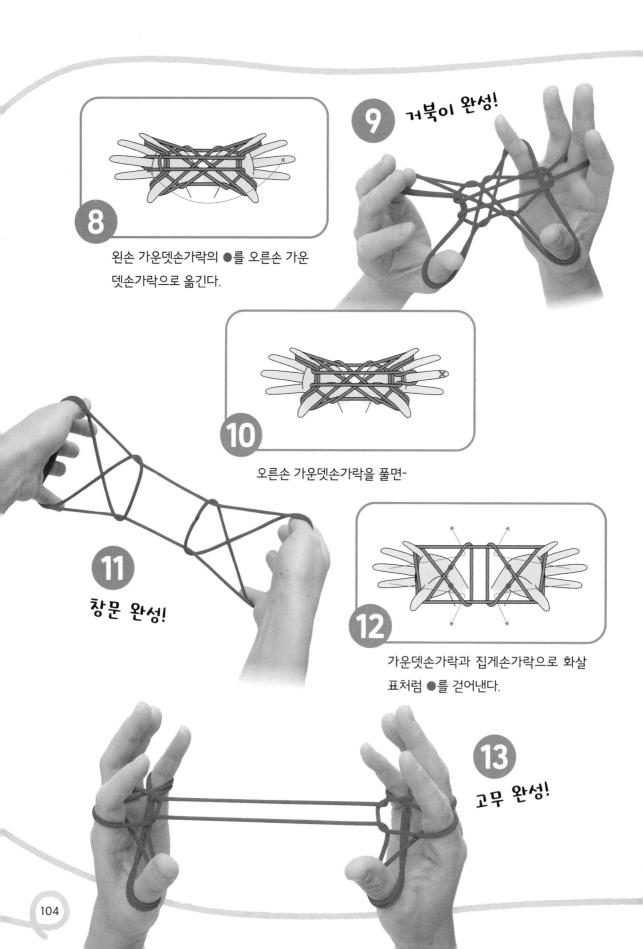

8

왼손 가운뎃손가락의 ●를 오른손 가운
뎃손가락으로 옮긴다.

9 거북이 완성!

10

오른손 가운뎃손가락을 풀면-

11

창문 완성!

12

가운뎃손가락과 집게손가락으로 화살
표처럼 ●를 걷어낸다.

13

고무 완성!

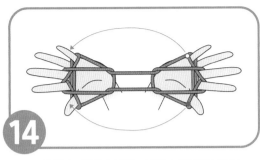

14 오른손 엄지손가락, 새끼손가락에 걸려
있는 ●와 ○를 왼손 엄지손가락, 새끼
손가락으로 옮긴다.

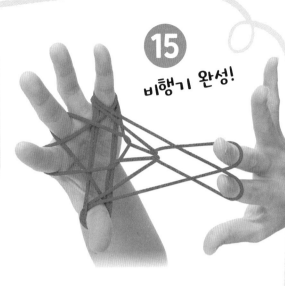

15 비행기 완성!

16 오른손 집게손가락과 가운뎃손가락에
걸린 실을 왼손 집게손가락과 가운뎃손
가락으로 각각 옮긴다.

17 투구 완성!

오른손으로 왼손의 엄지손
가락과 새끼손가락에 걸려
있는 실을 전부 푼다.

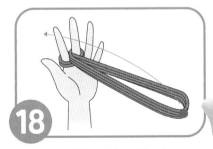

18 푼 실을 아래로 쭉 당기고
●를 왼손 집게손가락과 가
운뎃손가락 사이에서 손등
으로 늘어뜨린다. 지금부터
운세를 알아보자.

19 집게손가락과 가운뎃손
가락의 실을 당겨 쓱 빠
지면 럭키 데이!

쓱 빠지려나?

천수각 → 나비 → 산 → 산의 달 → 국화

시작! 성의 천수각*을 나는 나비가 산에서 달로 날아간다.
이러한 이야기가 떠오를 것 같아!

* 일본의 전통적인 성에서 가장 크고 높은 건물을 말한다.

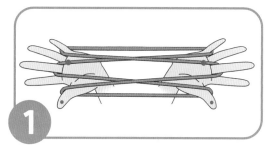

1 기본 모양에서 엄지손가락으로 ●를 떠온다.

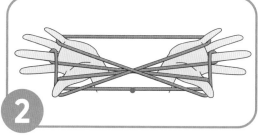

2 엄지손가락의 ●를 푼다.

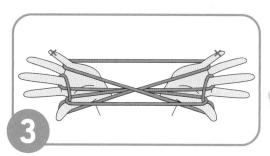

3 새끼손가락을 푼다.

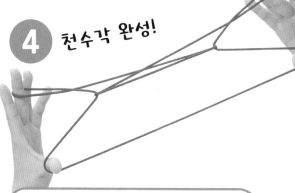

4 천수각 완성!

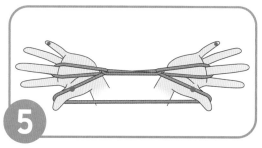

5 새끼손가락으로 ●를 떠온다.

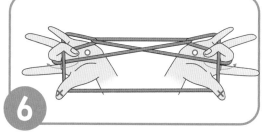

6 가운뎃손가락을 ○의 안으로 넣어 화살 표처럼 돌리며 엄지손가락을 푼다.

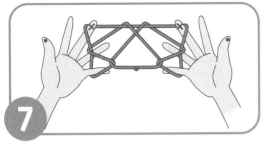

7

엄지손가락의 바깥쪽으로 아래에서
●를 떠오고 가운뎃손가락을 푼다.

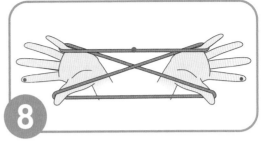

8

집게손가락으로 ●를 떠온다.

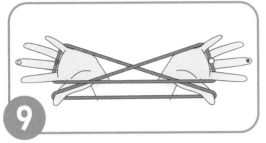

9

가운뎃손가락으로 ●와 ○를 떠온다.

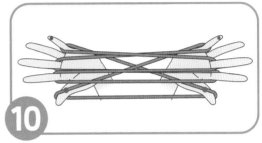

10

새끼손가락으로 ●를 떠온다.

11

집게손가락을 ○ 안으로 넣고 화살표처
럼 돌리면서 엄지손가락을 푼다.

12 나비 완성!

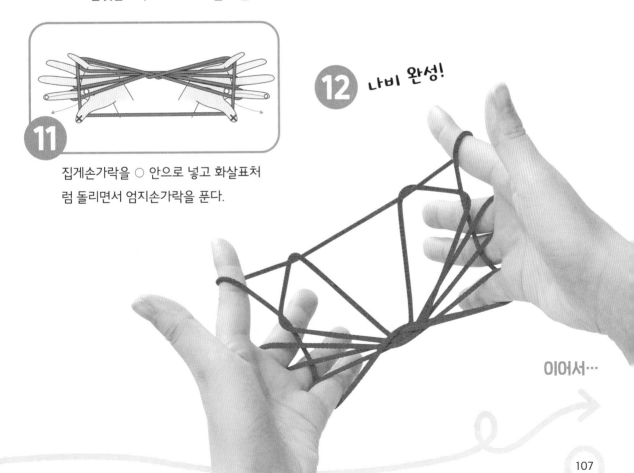

이어서…

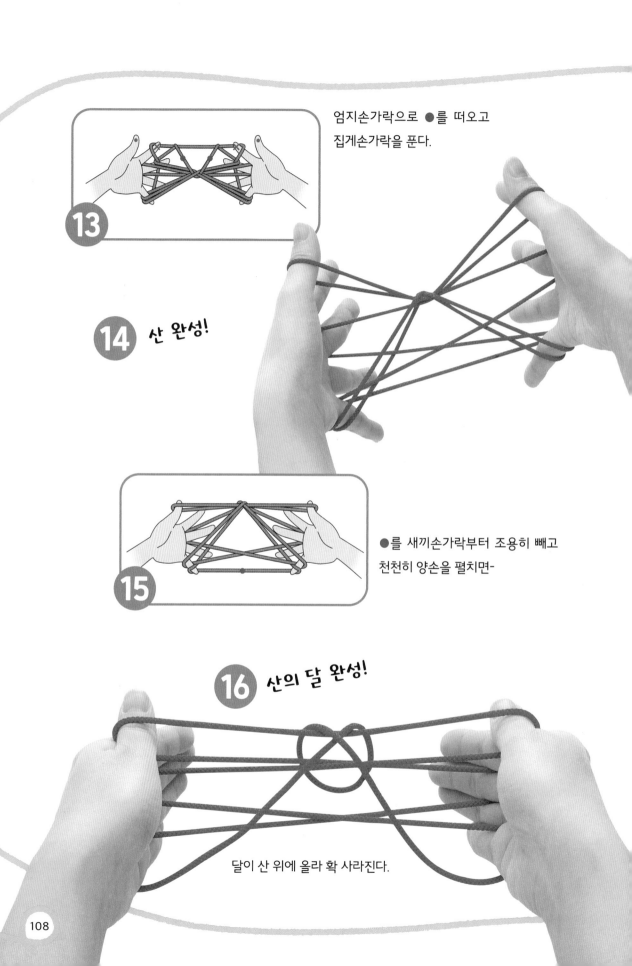

엄지손가락으로 ●를 떠오고
집게손가락을 푼다.

14 산 완성!

●를 새끼손가락부터 조용히 빼고
천천히 양손을 펼치면-

16 산의 달 완성!

달이 산 위에 올라 확 사라진다.

107페이지의 ⑩부터 '국화'도 만들어보자!

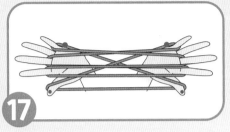

⑰ 107페이지의 ⑩부터 엄지손가락으로
●를 떠온다.

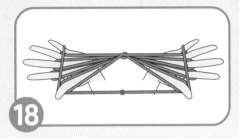

⑱ 엄지손가락에서 ●를 푼다.

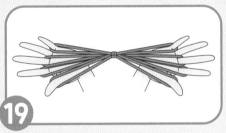

⑲ 양손을 움직이면서 양쪽으로 당겨 정가
운데를 단단히 조인다.

⑳ 손에서 실을 풀어
모양을 정리하면-

국화 완성!

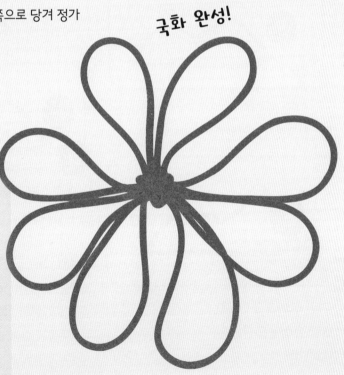

예쁜 꽃이 완성됐다면
코팅으로 보존도 할 수
있어.
완성된 꽃을 판 위에 두
고 니스 스프레이를 뿌
리고 잘 말린 다음 핀을
달면 펜던트로도 쓸 수
있어!

이야기가 돼

실뜨기 실로 이야기의 무대를 만들 수 있어.
여러 색깔의 실을 준비해두면 언제 어디서든 나만의 이야기가 완성돼!

예를 들면,

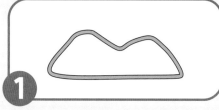

1

(연두색 실을 두고 산 모양을 만들며)
산이 있었습니다

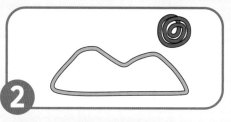

2

(빨간 실을 둥글게 말아서)
해님이 떴어요.
"친구가 없나?"
"내가 있어. 나랑 놀자"
해님은 산 위를 딩굴딩굴 굴렀습니다

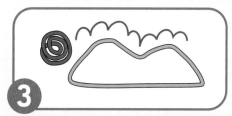

3

"우아, 신난다"
"간지럽지만 기분 좋아"

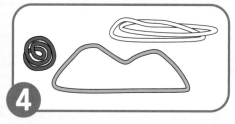

4

놀고 있으니 반대쪽에서 구름님이 왔어요.
(하얀 실을 가지고)
"나도 같이 놀고 싶어-"
"응, 그래 좋아"
"숨바꼭질 하자"
"가위, 바위, 보"
"구름님 술래"
"다들 준비됐어?"
엇? 해님은 어디로 숨었지?

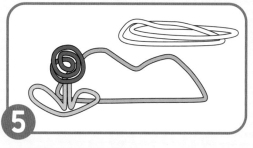

5

(파란 실로 잎을 만들고,
빨간 실로 꽃을 만들며)
"여기야~"
"아, 그렇구나. 꽃이 변신하고 있었구나!"

이런 이야기!

다 함께
실뜨기

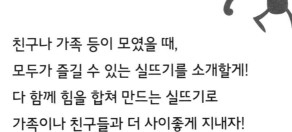

친구나 가족 등이 모였을 때,
모두가 즐길 수 있는 실뜨기를 소개할게!
다 함께 힘을 합쳐 만드는 실뜨기로
가족이나 친구들과 더 사이좋게 지내자!

톱

시작! 자, 나무를 잘라서 집이나 가구를 만드는 목수가 되어보는 거야!
'쓱싹 쓱싹' 하고 리듬에 맞춰 움직이자.

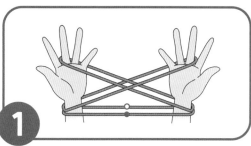

1 한 명이 양 손목에 한 번씩 실을 감고 가운뎃손가락으로 떠온다. 다른 한 명이 ○와 ●를 양손에 잡는다.

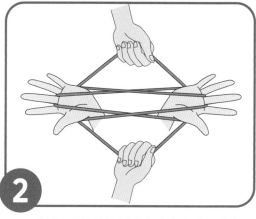

2 첫 번째 사람은 집게손가락과 약손가락으로 가운뎃손가락을 사이에 두고 가운뎃손가락의 실이 풀리지 않게 손목의 실만 푼다.

3 세로로 해서 둘이서 서로 실을 당기거나 느슨히 하면-

톱 완성!

떡방아

시작! 쿵덕쿵덕 손바닥이 닿아 맛있는 떡이 완성돼.
노래하면서 해보지 않을래?

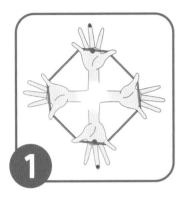

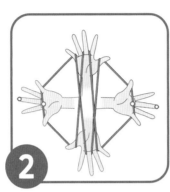

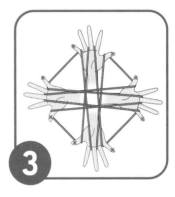

1 둘이서 그림처럼 실을 걸고 한 명이 ●를 떠온다.

2 다른 한 명이 ○를 떠온다.

3 둘 다 엄지손가락과 새끼손가락을 푼다.

4 오른손과 오른손, 왼손과 왼손을 번갈아 당기면 서로의 손과 손이 마주쳐 쿵덕, 쿵덕!

떡방아 완성!

끝없이 놀 수 있는 실뜨기

시작! 같은 모양을 여러 번 만들 수 있는 신기한 실뜨기.
30초 만에 몇 번이나 할 수 있을지 해보자!

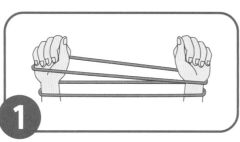

1 끈을 이중으로 감고 1개의 실을 위로 올린다. (상대방이 봤을 때의 그림)

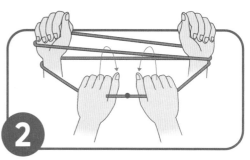

2 상대는 아래 실의 ●를 쥐고 위로 들어 올려 위에서 손목의 사이에 넣고-

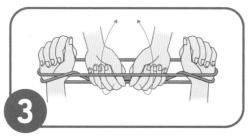

3 몸 쪽으로 바꾸어 떠온다. 이때 상대는 실을 푼다.

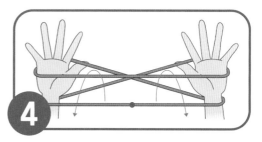

4 떠왔으면 양손을 넓힌다. 상대가 다시 ●를 쥐고 **3**과 똑같이 돌린다. 이걸 여러 번 한다.

 더 놀자!

2개의 팀으로 나뉘어 '시-작!' 구호에 맞춰 다음 사람으로 넘어가자. 당황하지는 말고 서둘러서!

114

분부쿠 챠가마
(변신 능력을 이용하는 너구리가 나오는 일본의 설화)

시작! 둘이서 하는 인기가 아주 많은 실뜨기.
다양한 모양이 나오고 놀이 방법도 여러 가지야!

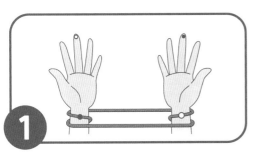

1 양손에 실을 한 번 감고 가운뎃손가락으로 ●와 ○를 떠온다.

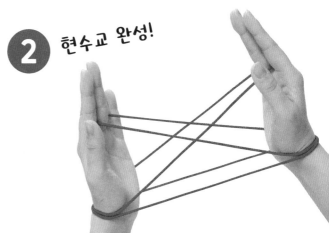

2 현수교 완성!

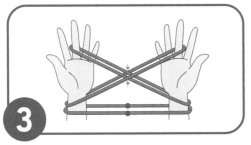

3 상대방은 엄지손가락과 집게손가락으로 교차한 화살표 쪽을 잡는다.

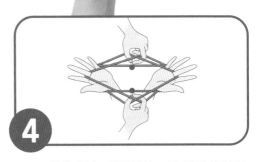

4 잡은 모습. 아래에서 ●를 위로 올려 떠 손가락을 펼치면-

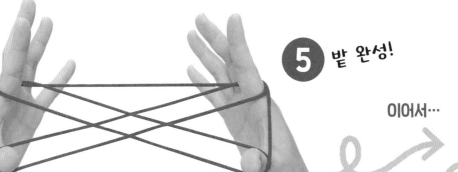

5 밭 완성!

이어서…

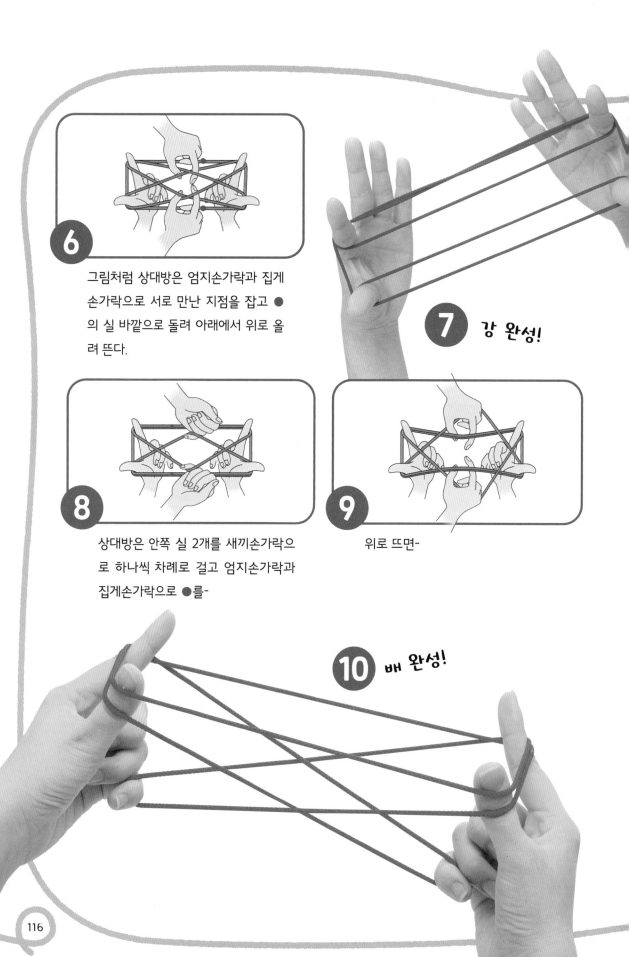

6

그림처럼 상대방은 엄지손가락과 집게
손가락으로 서로 만난 지점을 잡고 ●
의 실 바깥으로 돌려 아래에서 위로 올
려 뜬다.

7 강 완성!

8

상대방은 안쪽 실 2개를 새끼손가락으
로 하나씩 차례로 걸고 엄지손가락과
집게손가락으로 ●를-

9

위로 뜨면-

10 배 완성!

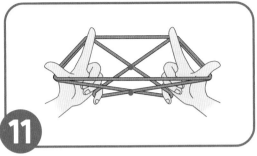

11 상대방은 엄지손가락과 집게손가락으
로 ●를 잡고-

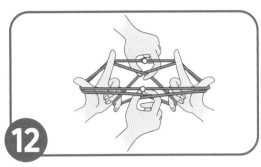

12 ○의 위에서 덮고 가운데에서 아래로
손가락을 넣는다.

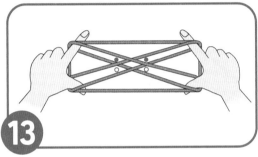

13 다시 밭 완성.

상대방은 왼손의 엄지손가락과 집게손
가락을 ●에, 오른손 엄지손가락과 집
게손가락을 ○에 넣어 밖으로 빼낸다.

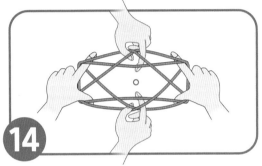

14 밖으로 뺀 양손가락을 ○의 아래에서
위로 뜨면-

15 큰 다이아 완성!

이어서…

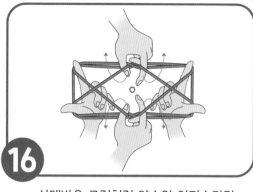

16 상대방은 그림처럼 양손의 엄지손가락
과 집게손가락을 넣고 ○에서 위로 떠
서 손가락을 펼친다.

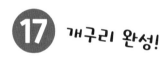

17 개구리 완성!

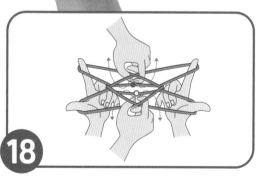

18 상대방은 그림처럼 아래에서 위로 오른
손으로 ●를, 왼손으로 ○를 서로 만나
도록 떠온다.

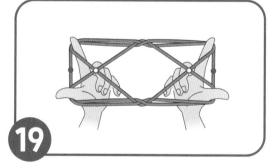

19 다시 큰 다이아 완성!
상대방은 새끼손가락에 ●를 걸고 엄지
손가락과 집게손가락으로 ○를 잡아-

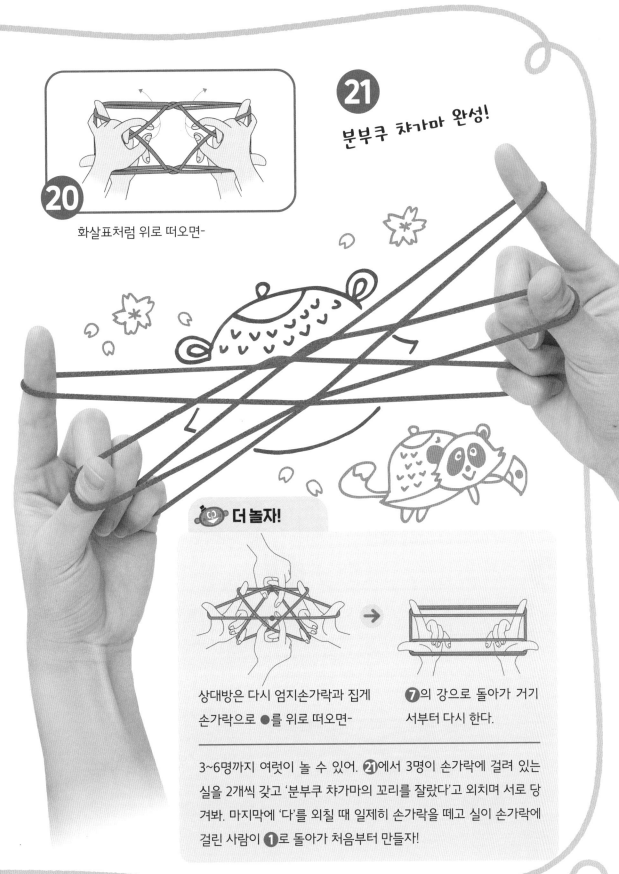

20

화살표처럼 위로 떠오면-

21

분부쿠 챠가마 완성!

더 놀자!

상대방은 다시 엄지손가락과 집게
손가락으로 ●를 위로 떠오면-

7의 강으로 돌아가 거기
서부터 다시 한다.

3~6명까지 여럿이 놀 수 있어. **21**에서 3명이 손가락에 걸려 있는
실을 2개씩 갖고 '분부쿠 챠가마의 꼬리를 잘랐다'고 외치며 서로 당
겨봐. 마지막에 '다'를 외칠 때 일제히 손가락을 떼고 실이 손가락에
걸린 사람이 **1**로 돌아가 처음부터 만들자!

이중 실뜨기

시작! 긴 실로 완성된 모양이 이중으로 겹쳐지는 실뜨기!
상대가 떠오면 여러 가지 모양이 이중으로 만들어져.

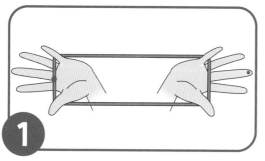

1 먼저 한 명이 오른손 가운뎃손가락으로
위에서 ●를 꼬아서 떠온다.

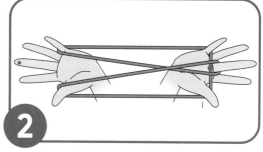

2 왼손 가운뎃손가락으로 위에서 ●를
꼬아서 떠온다.

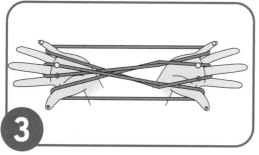

3 엄지손가락으로 ●를 떠와 새끼손가락
으로 ○를 떠온다.

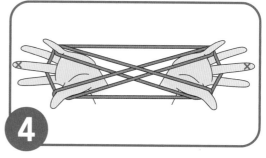

4 가운뎃손가락을 푼다.

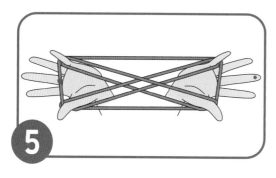

5

밭 완성!
여기서부터 오른손 가운뎃손
가락으로 위에서 ●를 꼬아서
떠온다. 똑같이 **1**~**4**를 여
러 번 한다.

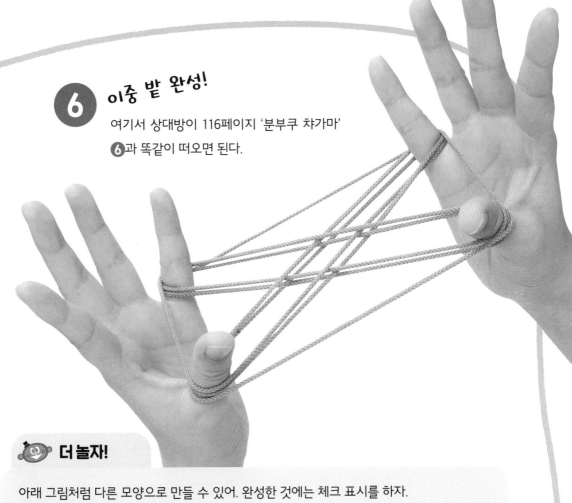

6 이중 밭 완성!

여기서 상대방이 116페이지 '분부쿠 챠가마'

6과 똑같이 떠오면 된다.

더 놀자!

아래 그림처럼 다른 모양으로 만들 수 있어. 완성한 것에는 체크 표시를 하자.

전부 가능해지면 여기에는 없는 모양도 만들어 봐!

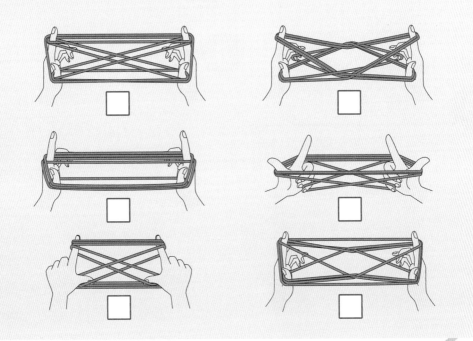

2줄 둘이서 실뜨기

시작! 색이 다른 2줄의 실로 '분부쿠 챠가마'를 하면 매우 예쁜 모양이 보여!

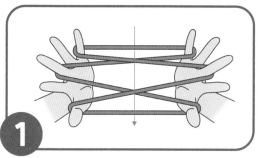

1 색이 다른 같은 길이의 실 2개를 준비한다. 한 명은 기본 모양을 만든다. 다른 한 명은 화살표처럼 실을 통과시킨다.

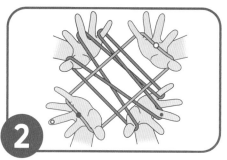

2 상대방은 가운뎃손가락으로 ●와 ○를 떠온다.

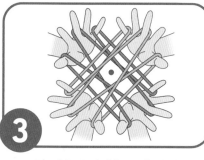

3 한 명은 손가락을 모아 아래에서 ●부분에 양손을 넣어 위로 뺀다. 그리고 상대방은 모든 실을 뺀다.

4 상대가 실을 뺀 모습. 여기서부터 115페이지 '분부쿠 챠가마'를 시작한다!

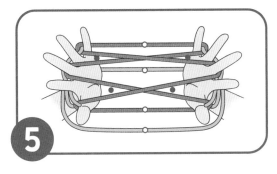

상대방은 양손의 엄지손가락과 집게손가락을 ●의 안으로 위에서 넣고 서로 만난 부분을 잡아 옆으로 넓히면서 아래에서 ○의 2줄을 건져내듯이 떠온다.

😊 더 놀자!

❺에서 '분부쿠 챠가마'를 하면 아래 그림과 같이 예쁜 모양이 연달아 만들어져.
완성된 모양에 체크 표시를 해보자. 모양은 이것 말고도 있어.
다 함께 힘을 합쳐 아직 누구도 본 적 없는 실뜨기를 만들어 보자!

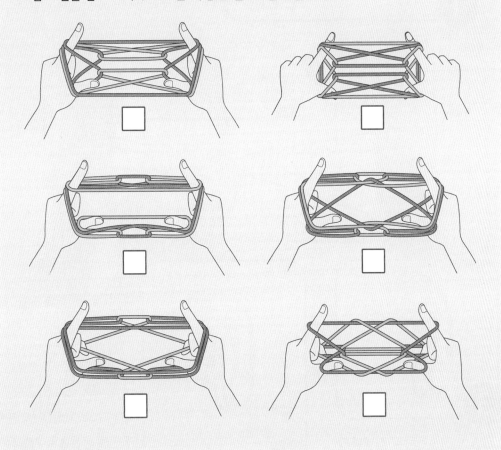

강 만들기

시작! 115페이지의 '분부쿠 챠가마'를 서로 떠올 때
자기 차례에서 '강 만들기'를 해서 상대방을 깜짝 놀라게 해보자!

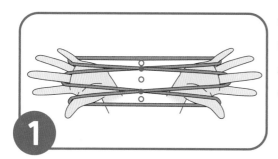

1

한 명이 만든 기본 모양의 ○의 공간에
다른 한 명이 오른손 엄지손가락, 집게
손가락, 가운뎃손가락을 넣어 ●를 사
이에 두고 떠온다.

2 사이에 둔 모습.
시작할 때 실을 걸고 있는
사람은 손을 푼다.

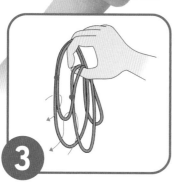

3

왼손 엄지손가락과 집게손가
락으로 바깥쪽에서 ●를 위로
떠온다.

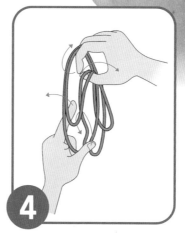

4

위로 떠온 모습.
왼손으로 위로 떠오면서
동시에 오른손도 화살표처
럼 아래에서 위로 떠온다.

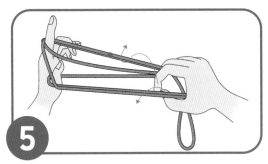

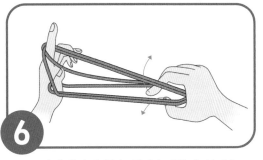

5 왼손은 모두 위로 다 떠왔고 오른손으로 떠오고 있는 모습. 오른손의 집게손가락을 위로 빼서 ●를 떠온다.

6 아래에서 오른손 집게손가락과 엄지손가락으로 위로 떠오는 모습.

 더 놀자!

이 '강 만들기'를 알면 '분부쿠 챠가마'를 만드는 도중일지라도 바로 강이 될 수 있어. 다음 페이지에서 '강→배→강' 만드는 방법을 알아보자!

7 **강 완성!**

한쪽 손으로 위로 떠와 강을 만드는 **2**~**7** 동작을 '강 만들기'라고 해.

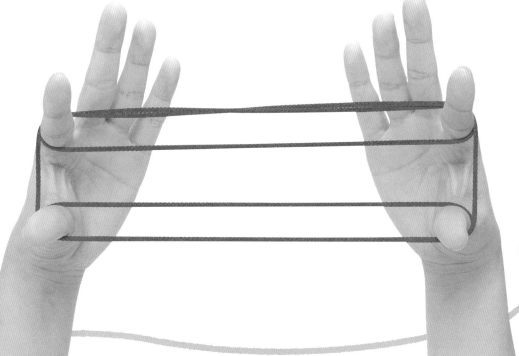

이어서…

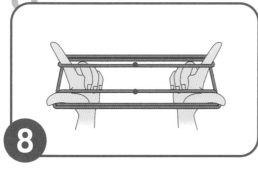

8 새끼손가락으로 서로 만나도록 떠온다.

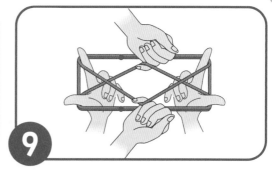

9 새끼손가락과 집게손가락으로 바깥쪽에서 ●를 떠온다.

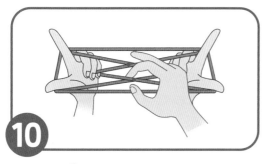

10 ㅂㅐ 완성!

이때, 위에서 손을 넣어 서로 만나는 ●를 사이에 두고 124페이지 **2**부터 강 만들기를 하면-

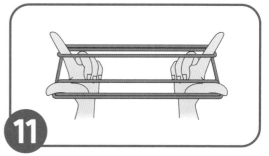

11 다시 강 완성!

강 이외 다른 것을 만드는 것에도 도전해 보자!

큰 다이아에서 강으로

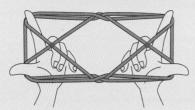

117페이지 **15**에서 시작해. 서로 만나는 곳은 2곳이라 쉬워. 강 만드는 법을 다양하게 시도해봐!

밭에서 강으로

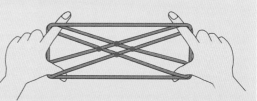

115페이지 **5**에서 시작해. 서로 만나는 곳은 4곳이 되어 어려울 수 있어! 어떻게 하면 강이 될지 생각해 보자!

무엇이든 표현할 수 있는 마법 같은 실뜨기

1973년 4월에 일본에서 실뜨기 책이 처음 출판된 지 50년이 넘었습니다. 종이접기처럼 도안으로 설명하기 어려운 부분도 있어서 오랫동안 책으로 만들어지지 않았지만, 지금은 사진이나 동영상으로 볼 수 있어 붐이 됐죠.

그동안 실뜨기 취재로 전국을 방문했는데 여러 지역에 계신 분들이나 어린이회의 아이들 등 많은 분이 가르쳐 주셨습니다. 해외 친구와의 실뜨기 담론을 통해 조금씩 해외의 사정도 알게 됐고 직접 보여주시거나 제가 문헌을 찾거나 몇 개국에도 직접 가보고 하여 세계의 실뜨기가 세상에 나오게 됐습니다. 실뜨기가 일본의 독특한 놀이라고 생각하는 사람도 많은 것 같습니다. 하지만 전 세계의 사람들이 그 나라의 독자적인 문화나 환경 속에서 생각지도 못한 방법으로 실뜨기를 하고 있다는 것을 알았습니다. 저에게는 뉴질랜드의 마오리족 사람이 알려준 '삼으로 엮은 실뜨기 실'이 보물입니다.

이 책은 '일본의 실뜨기'를 중심으로 고리로 된 실의 확대를 목표로 하고 있습니다. 고무줄도 그중 하나입니다. '단지 모양을 만드는 것뿐만 아니라, 이런 놀이도 할 수 있다!!'라는 말랑말랑한 생각으로 도전해 봅시다. 최근에는 1,000종류 정도의 실뜨기가 가능한 초등학생 '실뜨기 사토시군'이 창작 실뜨기에 힘쓰고 있어 든든하고 기쁘게 생각합니다.

실뜨기는 직접 보며 생각하면서 하는 놀이입니다. 상상에서 창조가 탄생하죠. 단 1개의 실부터 여러 개의 실로 언제, 어디서나, 누구라도 모든 것을 표현할 수 있는 마법이라고 봐도 좋습니다.

이 책을 보고 부모님, 친구들과 잘 놀았나요? 여러분의 마음 속에 세계를 연결하는 새로운 창작 실뜨기가 꽃피기를 바랍니다.

실뜨기 아저씨 아리키 테루히사

매일 똑똑해지는!
실뜨기 놀이

초판 1쇄 발행 2025년 1월 13일

지은이 아리키 테루히사
감수 오쿠야마 치카라
옮긴이 류지현
펴낸곳 ㈜에스제이더블유인터내셔널
펴낸이 양홍걸 이시원

홈페이지 siwonbooks.com
블로그·인스타·페이스북 siwonbooks
주소 서울시 영등포구 영신로 166 시원스쿨
구입 문의 02)2014-8151
고객센터 02)6409-0878

ISBN 979-11-6150-934-1 13690

NOGA GUNGUN SODATSU AYATORI
Copyright © TERUHISA ARIKI 2024
Supervised by CHIKARA OKUYAMA 2024
All rights reserved.
Originally published in Japan in 2024 by Poplar Publishing Co., Ltd.
Korean translations rights arranged with Poplar Publishing Co., Ltd.
through Shinwon Agency Co., Ltd.